U0929070

光尘
LUXOPUS

LES FILLES ET LES PÈRES

父亲与女儿

ALAIN BRACONNIER

[法] 阿兰·布拉克尼耶 著　张之简 译

生活·讀書·新知 三联书店 生活書店出版有限公司

图书在版编目（CIP）数据

父亲与女儿 / (法) 阿兰 · 布拉克尼耶著；张之简译. — 2版. — 北京 : 生活书店出版有限公司，2022.3
ISBN 978-7-80768-075-8

Ⅰ. ①父… Ⅱ. ①阿… ②张… Ⅲ. ①亲子关系－家庭教育 Ⅳ. ①G782

中国版本图书馆 CIP 数据核字 (2022) 第 045508 号

策划编辑　李　娟
执行策划　邓佩佩
责任编辑　杨学会
特约编辑　袁晓芳
出版统筹　慕云五　马海宽
封面设计　潘振宇
封面插画　芊　祎
责任印制　孙　明
出版发行　**生活書店**出版有限公司
（北京市东城区美术馆东街22号）
图　　字　01-2022-0920
邮　　编　100010
印　　刷　北京中科印刷有限公司
版　　次　2022年3月北京第2版
2022年3月北京第1次印刷
开　　本　787毫米×1092毫米　1/32　印张8.625
字　　数　145千字
印　　数　00,001-10,000册
定　　价　52.00元
（印装查询：010-69590320；邮购查询：15718872634）

写给

踟蹰不前的父亲和频频回首的女儿

前言

父亲有时会过于宠爱女儿！每个女孩都以父女关系为起点构建自身作为女性的命运。父女关系将自始至终地塑造她，伴随她从小女孩逐渐成长、成熟，恋爱和结婚。

理解女孩与父亲的关系，就是理解父女关系在少女长大成人中的作用。如果女儿感受到父亲对自己的期望和骄傲，那么这种关系将留下积极的影响：父亲对女儿的骄傲会令她无比振奋，这对职业、家庭和感情生活都具有非比寻常的提振作用。女儿需要父母的期望，但不需要肤浅和自私的期望。然而父女关系也可能具有负面影响，诸如父爱过于泛滥，或是这一关系留下了无法愈合的伤口。

如今，很多女性期待找到一个如同父亲那样优秀的男性，同时他不能有父亲的缺点，他要激起她的崇拜之情，他还要给予她有时无法得到或没有充分享受到的呵护。是不是因为这个“完美的父亲”迟迟不现身，才使得她们继续等待下去？是不是因为期待一个融合父亲所有优点的男性，才使得某些女孩找不到能够爱护她们、帮助她们实现女性自我价值的“挚爱”？

每个父亲都对女儿的命运至关重要，从她诞生的最初岁月里就已经如此了。父亲该如何发放这通往女性世界的通行证呢？未来的她将会十分需要这本通行证来构筑自己作为女人的生活。父母应该怎么做，应该避免什么，才能让女儿长大后跟父母在一起感到幸福、充满感激，而不是反目成仇？当然，我们不能把女人的人生经历简单归结为与父亲的相处模式，不过女性的满足与不满多少都能从父女的故事中分析出来——只要你对其投入足够的思考！

父亲的角色和作用与半个世纪前不同了。父亲在女儿身边的地位或应当占据的位置，已经发生巨变。过去是父道尊严、不苟言笑，现在的父亲不再高不可攀，只要女儿愿意就能效仿父亲的所作所为。父亲与女儿的关系势必发生变化。如今，父亲亲切而实际地从女儿降生之初就参与她的成长；所有关于此问题的研究都证实了这一点。短短几十年就发生了翻天覆地的变化！从女儿的角度来看，与从前来对比的话，女儿现如今能够在生活的各个方面模仿父亲：在求学、生活方式、安身立命、情感和爱情，还有社会成功上，面对父亲，她们的期待也同时发生了深刻的转变。她们是谁？她们如何展现自我？她们的本质意义是什么？据说母亲与女儿之间爱恨交加，父亲与儿子之间交织着共鸣与竞争，母亲与儿子之间的关键词是爱以及保持距离。然而父亲与女儿之间存在什么呢？如何界定这一关系？如何解释当代父女关系中面临的主要困难？尽管每个女孩遇到的困难各有不同，即使在同一家庭里面也不可避免，我却觉得父亲与女儿的故事当中仍然存在隐秘之处，之所以未曾诉诸语言，有时是因为强烈的感情和同样强烈的节制，有时也是因为断断续续积累下来的愤怒和失望。这些情绪可以在某些女孩身上看到，她们意识到父亲无法完全摆脱他自己的童年，于是把他自己母亲的形象寄托在其他女性身上，包括自己的女儿。

凯瑟琳·德·美第奇是三位法国国王的母亲，她的充沛活力、坚强性格和权力欲可能来自父系血统。她父亲洛伦佐二世及曾祖洛伦佐·德·美第奇统治时期，佛罗伦萨成为欧洲的中心。职业经验让我相信，父亲对女儿的影响不仅仅是王侯和公主的专属特权。让我们再来看当代的少女。怎么能说与父亲的关系没有在某种程度上塑造了她们？让我们来看安娜依斯的例子，这位摩登女郎生性独立，对婚姻颇不满意。她说，自己所追求的是感受到被爱、自由、支持和“震撼”。现在我们再来考察一下安娜依斯的父亲。正如他这代人通常表现出来的那样，他是个威严易怒的父亲，但还爱着自己的孩子；他不好接近，不过事业有成；他拥有很多社会关系，包括职业上的以及夫妻关系之外的社交。小时候，安娜依斯总希望父亲多陪陪她，多跟她说话，多关心她。她很想拥有一种自己对父亲而言无比重要的感觉，然而父亲却是个感情不易外露的人。过了而立之年，聪明睿智而又精力充沛的她，当然希望跟同龄人一样得到丈夫的支持，能够与她分享每天的快乐和困难，不要让她日复一日地失望，而且她还在内心深处渴望能在夫妻关系中发现某些她父亲引发的感情。“父亲的形象”在女儿身上激起一种杂糅着愤怒、崇拜和羞怯的情绪。

随着年龄增长，一切都会改变，女儿可能会比父亲更清醒地意识到这一点。父亲常常心酸地看到，女儿已经长大了，他们难过地发现女儿已经成为窈窕淑女，投入另一个男人的臂弯，听到她征求另一个男人的意见，看到她接受来自父亲之外的权威。随着岁月流逝，虽然父女相知的念头渐渐淡去，女儿对父亲的寻觅却一如往昔。说到底，女儿和父亲之间没有“那么”大的不同，却足够他们耗费相当长的时间才能相互沟通和理解。在获得三项奥斯卡奖的优美电影《金色池塘》中，简·方达和亨利·方达扮演一对父女，展现了他们之间的惊人关系。他们在湖边共处，切尔西（简·方达饰演）意识到她与父亲缺乏沟通，而且她期望得到父爱。诺曼（亨利·方达饰演）生性高傲且言语刻薄，他认清了自己的错误在于不理解女儿对自己的期待。这对父女之间洋溢着强烈的感情，但沟通的缺乏和表面的距离让人猜不透这份感情。女儿和父亲需要花一辈子时间来相互理解吗？有位女性朋友抱怨男人是自私鬼，我边笑边问她，从几岁开始爱自己的父亲。她戏谑说：“两岁的时候，因为那时我才发现他是个男人！”她忽然又严肃起来，仿佛跟我说出了掏心窝的话：“我相信父亲一直是我生命中最重要的男人。总有一天我会把这一切告诉他，但是有一个条件：他要耐心听我说话，我批评他的时候他不能发火，也不能摆出一副说一不二的腔调。这种态度常常让我恼火，就好像我还是个没长大的小姑娘！”

有些女性就她们的父亲与我谈了很长时间，她们也常常颇费唇舌地谈起与父亲相处的种种困难。她们让我感到困惑：为什么在爱和羞怯构成的、有时磕磕绊绊的父女关系中，有的人要花整整一生的时间才能真正互相了解、互相靠近并且说出爱的字眼？是不是因为父女关系中，父亲对女儿人生的构建仿佛用水泥盖楼，而水泥需要花时间来凝固，之后才能建起高楼大厦？在时光的消磨中，女孩成为女人，外在发生了改变，内心却长期保留着孩童时的崇拜。父亲最终接受了女儿长大成人的事实，他们仍然爱着她们，但是是以另外的方式。父女之间的心灵相通有时需要多年的时间，才能给两人留出足够的距离，消除言语中的负罪感和咄咄逼人，让他们如成年人那样深爱对方。一切都要依靠时间……

面对这一切，难道不应该在还来得及的时候归纳出令人信服的结论吗？如今不是更应鼓励父女之间进行比看上去更加艰难的对话吗？父亲应该承认，女儿拥有直觉和期待，哪怕她并不直白地表露出来；女儿也应该明白，父亲心中通常也有温情、爱和尊重，即使他并不善于吐露真情实感。每个人都需要向对方迈出一步。

在父女关系的核心，存在着强烈的保持克制的需要，这往往是对过于激烈的感情的一种保护：如果无法全部消除这一障碍，至少要绕开一部分障碍。本书来自所有信任我的身为人女的人，她们向我讲述了她们的父亲。我是男人，也是心理治疗师，因此扮演了一个特殊的角色。无论与父亲的关系是幸福还是不幸，她们都或早或迟向我保证，父亲在她们的生命中占据头等重要的地位。显然，我也把父亲的倾诉，甚至母亲的转述都加入到考量中去。我会尽力理解那些直白的话语，也试图从其余的话中领会隐含之意。我希望通过本书来传达我所获取的东西，但愿今天和未来的女儿在遇到父女关系的困惑时不再感到孤独无助，让她们的生活不再那么坎坷；也期盼父亲更多地了解女儿对自己的期待，从而更好地理解她们。最后，对于女儿提出的一个基本问题：“我父亲到底是个什么样的人？”以及同样令人不安的、父亲们针锋相对地提出来的那个根本性问题：“我女儿到底是个什么样的人？”本书会给出某些答案。

目录

第一章 **父亲，你是谁？女儿，你是谁？**

002 女性如何谈及她们的父亲？

025 女儿如何爱父亲

第二章 **岁月无情　爱却永恒**

046 小女孩的梦想是什么？

061 俄狄浦斯之爱及其后续

074 青春期女孩对父亲有何期待？

098 女人与父亲

第三章 **从不幸的话语到难忍的痛苦**

108 不合逻辑的痛苦：父亲过于溺爱女儿

112 痛苦却可以理解的关系

119 引发神经症的父女关系

136 父母那些让人发狂的行为

第四章 爱情的幸福与不幸
148 不懂得如何爱或吸引男人
160 永不满意的父亲造成的影响

第五章 用一生来互相诉说
163 每个女儿都有自己的秘密，每个父亲都有点神秘感
174 对话的困难
182 彼此之间更好地理解、认识和沟通
220 理解父亲就是理解男人，反之亦然

第六章 从昨天到明天：女儿的未来
225 弗洛伊德和女儿们
237 千变万化的当代
247 今天的父亲，明天的女儿

结束语

致谢

第一章

父亲，你是谁？女儿，你是谁？

女儿提到父亲，马上会描述出一个片面的形象。这个形象是她最想强调的那一面，也是她最关心的那一面。在这本概述性质的书中，我搜集了最常听人谈及的那些“肖像”。这些概述谈不上多完善，也无法囊括全部可能性，却呈现了最常见和最具决定意义的表述。显然，在这些形象背后，父女之间的关系十分丰富，其复杂性不是一个简单的标签所能概括的。然而，某些刻板印象仍然指明了方向，我们可以以其为出发点来理解这种独特和无与伦比的关系。例如，女儿可以把她对父亲的整体印象当作利器——“你真是专横！”——不过理智最终让她深思，一旦破除刻板的认知，父亲的形象理应得到真正理解。

女性如何谈及她们的父亲？

女儿通常害怕父亲，她们往往历时长久才摆脱对父亲的恐惧。不过她们还是爱父亲的。这是父女关系中最显著的悖论之一。主动的爱可能让人感到疲惫不堪，被动的爱却从不会这样：女孩之所以害怕父亲，是不是因为她们深深恐惧自己得不到爱，抑或是畏惧父亲所代表的象征性权威地位？从六七岁起，女孩开始思考父亲对自己的意义，并不可避免地对父亲形成判断。父女之爱会走向何方？它有时会导致怎样的幻灭？我们将从不同的故事中去发现。

○“他总是支持我！”：“完美”的父亲

瓦莱丽是我的朋友，我曾对她说起写作本书的计划，她听到后张口就说：“我希望你不要只谈问题……你知道的，我和父亲的关系比跟母亲融洽……我觉得他总会站在我这一边……”这世上有不少的“好父亲”，或是借用儿科专家及精神分析学家威尼科特（Winnicott）的说法，有不少“足够好”的父亲。这是因为父亲从自己的父亲那里继承了某种天赋或幸福典范，还是因为他们并不喜欢父亲，也不愿意去模仿父亲，反而在自己的子女身上进行“弥补”，抑或是出于对母亲的爱，他们竭力在女儿身上寻找她的影子？每个故事都与众不同，然而几乎在所有故事中都能发现，女孩或女人认为自己拥有最好的父亲，他总是支持她：别的男人也能做到吗？当父亲被认为完美无缺、无可指摘时，才会产生真正的问题……

语言专业学生迪亚娜就是这样的情况，她最近与男友分手了。她感到伤心，需要安慰。她与最好的朋友和兄弟都交谈过。她与兄弟无话不谈，不过他现在在英国。她与母亲的关系十分典型，一言难尽，互相对抗，常常发生冲突。迪亚娜感到孤独得难以承受。她正在经历艰难的时刻。我问她："你的父亲呢？"在我们初次交谈的过程中，这是她第一次展露笑容。她回答我："我跟父亲说话不多，不过我知道他爱我；他一直很爱我。我甚至觉得自己是他最爱的人。"每个对父亲拥有良好甚至极佳印象的女儿，心中都存在这种父亲会"随叫随到"的感觉。显然对她们而言，这种安全感被归结到了父亲身上——研究眷恋感的心理学家通常会把它归结于母亲。

洛朗丝的烦恼主要源于事业。她觉得经理对她很糟糕，说得重些，几乎可以算是一种精神虐待。她告诉我，她受不了这样的冲突。她的父母很不一样，但是两人都非常关注孩子，尤其关心她。她说，父母都很容易焦虑，尤其是母亲；他们有时会吵架，但一直避免让自己的问题对孩子们产生影响。在洛朗丝的记忆中，小时候父亲每天晚上坐在她的床边讲故事，还向她道晚安。她还记得，父亲有空就会帮她检查作业，他总是不急不躁，也不苛求她做优等生；他关心她在学校的表现，也仔细看她带回家的成绩单，还会参加班上的家长会。到了青春期，洛朗丝需要与父亲保持距离，她笑着回忆到，当时她的父亲对此非常支持。他从不掺和她的懵懂情事，也从不对她的男朋友说三道四。然而他总是对她保持关注（母亲会把女儿的知心话转告给他）。到了毕业会考的那天，洛朗丝记得父亲一早起来就陪着她，没有提任何问题，也没有给她制造压力，只是给她买了最喜欢吃的早餐——巧克力面包……

这些无关紧要的小事成为她的温暖回忆。洛朗丝觉得，自己一直以来都更容易向父亲开口。有朝一日她必须面对职场风雨时，这些记忆就变得珍贵起来。她印象中的父亲总是有好建议，总是带给她关爱。她不觉得父亲是个对她过分溺爱的老爸，更不会觉得他自私冷漠。

她的父亲幼年丧父，与姐姐一起被母亲和祖父母抚养长大。洛朗丝认为，尽管父亲从不吐露心事，但他的童年并不幸福。是不是因为这样他才会对自己的孩子一直满怀关切之情？他是不是从母亲身上继承了乐观的性格？他是不是天生就是个好父亲？洛朗丝不知道答案，不过她相信，只要父亲在世，自己在任何时候都能依靠父亲，即使是父亲过世之后……

埃米莉的故事显然与洛朗丝恰恰相反。她觉得自己过于任性，总是缺乏安全保障。在经过装饰布景设计专业的学习后，她在几家工作室工作过，但是没有一家让她感到满意。埃米莉很快意识到，她需要一个能让自己感到有保障的老板。她最终找到这样一个老板，从此焦虑感少多了。在私人生活方面，她找了个大她15岁的男人。她仰慕这个男人，他带给了她在同龄男生身上从来找不到的安全感。这种需要被呵护的感觉是如何产生的？她认为这说来话长。在童年时，她就时常感到非常焦虑。她总想把事情做好，想取得好成绩。她还记得，当老师对她过于严厉，并不能理解她的性格时，她就会感到惊慌失措，成绩一落千丈。每当不安和疑虑袭来，颇有绘画天分的埃米莉就躲在房间里异想天开、描描画画。自然而然，她选择了视觉艺术类作为专业方向。

长期以来，她觉得这份不安遗传自母亲。因为她认为父亲是可以给人安全感的精力充沛的男人——他总是满足她的一切需求，却不会惯着她。她说："父亲知道如何避免我的任性妄为。家里的什么事他都得管，显然是因为母亲性格焦虑不安，觉得什么都是麻烦。”埃米莉从艺术学校毕业后，父亲不顾母亲的反对，同意她赴国外继续深造，同时学会自立。这一年，她在处理人际关系上麻烦不断，因为她既任性又依赖别人。在一开始进行心理治疗时，我认为她是把自己的性格都归因于过去苦恼的经历。回顾过去，埃米莉觉得父亲任由她犯错，然而他一直都拥有一种她认为具有积极性的权威。回国后她独自居住，却仍然不断地遇到人际关系上的麻烦和生活上的困难。她觉得自己没有能力把想法转化为行动，不会管理行政事务，处理不好日常生活。购买家具就是一个显著实例。她找父亲来帮忙，借口是他很会砍价，心里却明白这个理由不是真的……

她谈过一个年龄大很多的男朋友，很清楚建立这段关系的原因更多是为了安全感而不是真正的爱情。后来她遇到一个年龄相仿的年轻人，当她变得过于挑剔和依赖的时候，这个男友知道该如何阻止她，同时又能给她情感上和物质上的安全感。虽然一直爱着自己的父亲，但埃米莉感到她从此得到了解脱，甚至开始能够批评父亲——当然也不至于抛弃他。她能感受到一个保护女儿并且尊重她独立想法的温柔父亲带来的甜蜜感觉。她希望等他们有孩子的时候，男友也能保持这些优点。

任何事情都需要保持限度：父亲的温柔和保护不能扼杀女儿获得自立和承担责任的能力，也就是说一个“足够好”的父亲应该懂得适时展现爱和坚定，不能持有暧昧的态度。我在此处提到的坚定不是恶意和不公，呵护也不意味着窒息，而是对别人的关心。就算你持有坚定、严格和持续的态度也不能忽视他人的观点。女儿可能一时无法赞同父亲的态度，不过她以后会说：“实际上，我一直知道他是为了我好，他不是不讲道理。”对女儿来说，父亲能够接受女儿面对生活困境时所犯的错误，就证明了他具有良好的教育能力。

每位母亲都明白，要平衡保护子女的冲动和促进子女独立自主之必要性这两方面是十分困难的。父亲面对女儿，也身处同样的困境。失去爱和保护，女儿会感到不幸和危险。然而，如果父母的爱过于强烈，或者经久不息，也会让子女感到透不过气。在主动索取的需求之外，人总是愿意接受别人帮助的，毫无疑问这应该被视为无意识中对童年的怀念。只要母亲真的爱孩子，而不是通过孩子来爱她自己，她就永远不会过于溺爱儿子。同样，父亲应该学会调适他对女儿的爱，让她既不会有被抛弃感，也不会有窒息感。只要父亲爱的是女儿的真实人格，能接受她的缺点和优点，又能包容她的勇往直前和畏惧不安，而不是只爱女儿带给他的自我满足，女儿必将感受到父亲对她的爱。

若是女儿对父亲心存期待，而父亲也时常对女儿有所馈赠，就足以令女儿把父亲视作一个温柔的保护人。日常的表现是至关重要的。父亲在就餐时问女儿：“你觉得怎么样？”这是在向她表示关心和尊重，绝非只是短短的一句寻常话语。如果女儿遇到麻烦——在学校里遇到的问题、健康问题或物质问题——父亲马上放下工作来帮助女儿，女儿无须听到父亲表达爱意，就可以通过实际观察，从父亲的态度、倾听和关注上做出判断。如果父亲听从女儿的建议购买某本书、阅读某份报纸、观看某个电视节目或浏览某家网站，他就是在告诉女儿，她对他来说有多么重要。亲昵的举动和温存的话语是必要的，同时还有大量的例子能够说明，实际表现也具有同样的重要性。归根结底，温柔且能够带来安全感的父亲，是一个踏实、坚定、稳重、乐观、值得信任的男人，他知道如何保护女儿，而且他亲切、热心、温柔，满怀爱心和热情。这个完美的父亲显然融合了男性和女性的优点，兼具力量与温情。虽然并不是每个身为人父者都能做到这样，但是现在很多人都在朝这个方向努力。是不是因为女儿心中都留有这种印象，或是在长大成人后仍然心存这个榜样，才会按图索骥地寻找符合她们的期许与愿望的男性？

○“小时候，他让我感到害怕……”：专制的父亲

我太多次听到这句话了，甚至是从成年女性的口中……小女孩有可能被父亲吓坏，这样的记忆会长期扎根在她心里。成年人总是让孩子感到有些害怕，即使他们可能并没有语言或身体上的冒犯行为：他们高大威猛，发号施令，仿佛来自另一个世界……女儿对父亲尤其害怕，因为父亲并不能总是意识到自己的声调、身材、缺少陪伴和神秘所造成的影响。尽管如此，身为父母不能拒绝施加作为父母的威严；只是这份威严应该合理而适度，与孩子的敏感保持恰当和相称的关系。

确实有的人性格更加威严庄重，在某些父亲身上表现得更加突出。也确实有些女孩比其他人更加敏感，不赞成的目光会让她们感到一种并不一定真实存在的压迫感。父亲和女儿应该互相适应彼此的性格。在心理学上，这叫作“互相调适”。一个从小就异常敏感的年轻女人告诉我：“只要父亲冲我一瞪眼，我就会老实下来。即使现在，虽然我认为自己已经长大了，过着成年人的生活，像成年人那样做事，但是只要看到他，我就会变回当年那个容易激动的小女孩。”

然而在女儿看来，出于保护目的的权威和接近恶意的苛责之间，界限并不清晰。有位医生同行这样说：“当年我

是父亲最喜爱的女儿，我明显感觉得到。他对我姐姐很不公平，让她感到很害怕。我有时候觉得他不爱她。我从来都不明白为什么会这样。不仅对我姐姐，而且对我来说，都带来了很大的问题。我姐姐现在的生活很不顺利，她从来都不知道如何展现自我。实际上，我认为她有抑郁症，而且我父亲要负很大的责任……我很小的时候就看得出她和我之间受到的不同待遇，这让我产生了负罪感，荒唐的是，让我最不堪重负的是我所做的一切都是为了讨好父亲。我被两方面的情绪折磨着，一方面渴望父亲不再像以前那样对待姐姐，另一方面又害怕他会那样对待我。因此我青春期的时候十分乖巧；父亲投来的最轻描淡写的目光，也会让我害怕他不希望我这样，因此打消了微弱的反抗意愿……我得告诉你，那时的我非常非常乖。”

这些父亲通常有意无意地认为女性应该“屈从”，他们的女儿往往到后来才明白。有一天她们会突然意识到或不得不承认，自己在生活中过于屈服于男性的代表——男朋友、男同事、男老板等。因此，塞弗丽娜试图辞去现在的经理助理工作，并摆脱她的老板。这是过于屈从的关系。她承认，开始工作时她想找个“良师”。如今，她承认自己找到了这样一个人——却超出了自己的期望。一开始，塞弗丽娜更多感到丢脸而不是愤慨，然而到后来她越来越受不了老板的要求，受不了自己表现出来的屈从和老板喜欢操纵别人的性格。她开始悄悄地抵抗，谨慎明智地反抗，最后终于张口拒绝，这是她以前从未做过的事。塞弗丽娜最终弄清楚了，她为什么违背本意卑躬屈膝：她的父亲从过去到现在都是个专横的男人，说话强硬暴躁，总是用挣钱养家的事情来说明自己的力量和能力。意味深长的是，塞弗丽娜在摆脱老板的同时，第一次敢于开口告诉父亲她每个月挣多少钱：这显然是她用自己的方式告诉父亲，她已不再需要他……她能迈出这一步很不容易。塞弗丽娜总是害怕说错话和做错事，不过现在她坚信如果不坚持自己，这辈子都将过得十分不幸。她常常会有一种窒息感——她明白这是身体在表达心理上所受的委屈，然而她完全相信，只要努力证明自我就会慢慢医治这种焦虑。

我时常发现，反抗专横父亲的女儿们并不容易承认自身也存在过于蛮横的问题。她们倾向于在应该表达赞同的时候展现反抗和拒绝，她们过于吹毛求疵，难以控制自己的力量和能力。她们仿佛不自觉地模仿父亲，以便更好地保护自己……萨比娜就是如此，她有两个姐妹和一个兄弟。她的父亲是个自学成才的人，希望子女们在完成义务教育后进入家族企业工作。只有萨比娜敢于反抗父亲，她争取了继续读书的权利——她所崇拜的舅舅支持她——舅舅也被姐夫的态度震惊了。18岁那年，她离家出走学习护理，自己拼搏挣钱养活自己。当反抗父亲赢得自立时，虽然少不了愤怒和失望，但她总体上是快乐的。然而当面对其他同龄年轻人时，她很快发现了在友谊和爱情生活中自己不可妥协和专横的性格，这让她感到痛苦！这也是她对父亲的不满之处：他把自己的不良基因传给了女儿！

○"在家里他像个大孩子……"：朋友般的父亲

当提到某些父母与子女关系过于亲密时，人们通常用"鸡妈妈"来形容他们。在此，我不再重复这个以前曾撰文谈及的问题[1]。不过我觉得这些人与被亲切地称为"朋友老爸"的父亲们有相似之处。确实，父亲可能表现得过于喜爱女儿，缺少距离感。他们往往把自己视为与子女相仿的年轻人：他们对女儿的爱可以被视为一种自恋，这是一种针对自我而非他者的爱。拥有"朋友老爸"形象的父亲通常是长不大的人，他们害怕履行作为父亲的职责，难以扮演父亲的角色，自己还像孩子一样渴望被爱，有时候甚至与女儿形影不离。

这种伙伴般的关系往往给女儿在成长中造成严重的问

1 Braconnier A., *Mère et fils*, Paris, Odile Jacob, 2005. 本书作者的另一部作品《母亲与儿子》也将于近期由生活书店出版公司出版。——编者注题，也导致母亲无法在养育子女的过程中获得来自父亲的支持。这些朋友般的父亲与女儿及其同龄朋友拥有相同的兴趣：电视剧、流行时尚和音乐……他有时候会争风吃醋，反对女儿交男朋友或别人对女儿调情，哪怕女儿并不领情——她们通常会把这些知心话向女性朋友或母亲倾诉。

小时候，这些“朋友老爸”的女儿心中可能存有这样的想法，甚至让她周围的人乃至父亲相信，她们对于能够分享一切而深感幸运。然而这种感觉迟早会转变为苦恼，导致她们企图——聪明或笨拙地——重建并不存在的距离。她们还可能在青春期的时候利用父母之间的矛盾：比方说母亲拒绝她们，她们就去征得父亲的同意。然而当她们运用这样的手腕时会没趣地发现，自己可以随心所欲地操纵父亲。我记得有个年轻女孩就是这样对某位女性朋友的父亲发生了根本性的态度转变。一开始她告诉我，这位女性朋友很幸运拥有一个“朋友老爸”，他们之间无话不谈，总之跟她自己那个完全不理解年轻人想法的父亲截然相反，后来她改变了看法。她发现朋友并不喜欢父亲做起事来像她的同龄人一样。当这位朋友告诉她，父亲提议和女儿一起来抽支大麻烟卷时，她简直吓坏了，并终于改变了对自己父亲的看法，也比过去更加尊重父亲了……我与不少人的观点一致，相信必须维持一定“代沟”，它取决于对不同年龄段以及在家庭中不同身份的尊重。父亲就是父亲，不是朋友。朋友就是朋友，不是父亲。这种明确的区分并不会抹杀亲子关系。

○“他心里只有自己！”：以自我为中心的父亲

在以自我为中心的父亲身上，也存在强烈的自恋，但并不像前面所说的朋友般的父亲那样，把自恋投射到孩子身上，而是一种“阿米巴虫”式的自恋——一切以自我为中心，一切都是为了自己的欲望和需求。热拉尔蒂娜告诉我：“我父亲把女人当作感情上的哺育者。他对她们很自私，从来不把她们当作有真实人格的人来看待，只是把她们作为自己的折射。我也是受害者之一，并深受其苦。”首先要自爱，才能爱别人，才能塑造自我人格。自恋并非毫无益处，它很大程度上阻碍了俄狄浦斯情结的产生，阻挠了父母与子女之间，尤其是父女关系的浪漫幻想。当纳西瑟斯把俄狄浦斯赶下台，利己主义就掌握了大局。[1]

做父亲的完美女儿，对任何女孩来说都没有好处，因为对父亲愿望的强烈认同，可能会损害她作为女人和母亲的人生。就像可怕的雅典娜女神——希腊众神之神宙斯的女儿，

1 纳西瑟斯和俄狄浦斯是希腊神话中的两个人物，分别代表自恋情结和恋母/恋父情结。——译者注

她强大而让人生畏，没有男人也没有孩子，既不是女人又不是母亲。还有与我们更加接近的弗洛伊德的小女儿安娜——我在后文还会详述她的故事：在弗洛伊德的子女中，只有安娜成为精神分析学家，她对父亲亦步亦趋，却从未达到精神分析创始人那么高的成就，她的命运与雅典娜一样，光辉而孤独。

通常，如果女儿过度模仿父亲，多是出于对父亲的崇拜，并会担心自己永远无法企及父亲的完美形象。在这种类型的关系中，父亲的态度绝不是无关紧要的：即便他出类拔萃，但若他能愿意表现出自己不完美的一面[1]，就能缓和女儿的效仿之心；反之，若是自我主义占据上风，女儿极可能受到对自我不满的折磨，有时直到上了岁数才得知这不满的根源。

卡蒂就是这样向我解释她的缺乏自信。她并不仇恨父亲，反而感到很亲近他，遇到困难她会向他寻求建议。“然而父亲教育我，”她说，“人要坚强，不要求助于任何人。”她感觉非常矛盾，一方面她非常崇拜从不表现软弱的父亲，面对生活的考验，父亲充满斗志和勇气，即使被辞退也是如此；另一方面她不愿意像父亲那样把感情需求当作软弱的表

1 André C., *Imparfaits, libres et heureux*, Paris, Odile Jacob, 2006.

现。她竭力掩饰自己的缺憾和沮丧。由于偶尔做不到如此坚强，她有一种负罪甚至羞耻感：她应该得到父亲的称赞，如果父亲赞许的不是她，那该多糟糕啊……

父亲的非难将让女儿感到恐惧，尤其当这种非难与自恋式的过分要求有关的时候。它可能有多种表现方式，例如或明或暗地反对女儿与任何男性交往，总觉得他们配不上她，更糟的是，他瞧不上任何有幸成为他的女婿的人！与此相比，较常谈及的婆媳冲突倒算不上多麻烦了，因为婆媳之间的麻烦更加清晰外露，缓和这种戏剧性的关系是有可能的；而男人之间的恶劣关系就无法设想可以如此解决了，他们的对抗伴随着沉默甚至否认。我觉得，父亲无法想象，当他拒不接受女儿选择的男人时，她会有多么痛苦。

这样的父亲寄予了女儿无限的期待。他们的要求无所不包：精神上、职业上或物质上都有，甚至爱情方面也不能幸免，他们的要求表现为永不满足的对完美男性的求索，任何求婚者都“配不上”亲爱的女儿。这样的态度通常隐藏着父亲无意识的自我实现的渴求，甚至是把女儿留在身边、作为自己完全的继承人的愿望。当然，父亲有权为了女儿的幸福而提高要求，但不能苛求到罔顾事实的程度，因为这样是他为了自己，而且是仅仅为了自己考虑的做法。当女儿对父亲的意图感到不满、不再满足他过多和过高的期望时，父亲要是直截了当“毁掉”自己的女儿，这一切便昭然若揭了。到了这步境地，一切都完了：女儿的身体、理智、社会生活和职业……归根到底，她整个人和她拥有的一切都完了。这就不再是排斥一切男性竞争者、反对一切女性解放的父亲对女儿的迷恋情结，而是一种或多或少自觉地毁掉女儿名誉的施虐欲望。幸运的是，这种情况非常罕见。

○“他总是心在别处……”：难以接近的父亲

多少女性抱怨过自己有个无法接近的父亲！她们提到的原因不一而足：最常见的是过于投入工作，太少陪伴家人。随着时间流逝，这样的指责往往变为对既成事实的承认：“他当时那么努力工作，还不是为了让我们生活好一些。”还有一个时常提到的原因：父亲性格内向。同样，一个内向话少的父亲最初留给女儿不好的印象，会让她长期为他的沉默寡言和愚蠢笨拙感到难过；随着年岁增长和心态变淡，这种痛苦的指责会自然而然地消失，代之以更为沉静的遗憾以及对男人从不改变的事实的承认。在成长过程中，她们为自己不拥有热情关切的父亲而哀伤，她们还会意识到，父亲的厚壳是为了抵御某种痛苦的侵扰，代表着某种难以承受的羞怯或严重的心理不适。在较严重的情况下，抱怨通常不会随着岁月而淡去。事实上，有一类父亲之所以冷漠，是因为他们从不想要女儿，从未对她感兴趣。在朋友般的父亲那一章节，我们提到过距离太近的问题，这里却是过于疏远，结果并非失望和愤怒，而是抛弃和空虚感。这种痛苦对孩子来说十分可怖，会影响她的一生。最后，还有的女性从生活经验中得出痛苦的结论：父亲之所以显得让她们无法接近，是因为她们永远无法理解父亲的复杂性格。简·方达在自传中的《父亲》一章里这样描写她的父亲、著名演员亨利·方达："亨利给人的印象是一个开朗但无法接近的男人，他柔情似水，但会突然陷入危险的暴躁之中；他不仅对别人，也对自己吹毛求疵；他画地为牢，又竭力突破牢笼，与此同时还害怕光明；他病态地反对一切外部限制，却遵守铁一般的纪律……这些内心冲突都写在他的脸上。"

○"我记得，他总是大吵大叫……"：易怒的父亲

愤怒是人的五大情绪之一，每个人都无法避免产生愤怒。然而，男性似乎比女性更易表现出愤怒，当然并不是说女性感到愤怒的时候较少，只是她们较少表现出来。有些父亲的怒气如同暴雷，而且非常频繁，经常因为一些鸡毛蒜皮的事情就会发火：这是女儿最害怕的愤怒情绪，不仅是因为这让她们在生理上感到害怕——父亲的威严往往就是这样表现出来的——而且女儿很难理解这种她们并不喜欢运用的表达方式。

面对父亲的愤怒，女儿不见得知道如何回应，尤其是当这些怒火无法预料之时，或是相对于她自己的生气显得过于强烈和频繁之时，她感到无力，很容易陷入幻想，觉得自己境地悲惨。热拉尔蒂娜记得小时候父亲发怒的样子把她吓坏了，她并不知道父亲为什么生气，慢慢地她就习以为常了。她仍然爱父亲，虽然聚少离多，不过两人相处的时光非常快乐——小时候，父亲喜欢给她讲故事；长大一些的时候，父亲有机会就在学校门口等她。然而30年过去了，父亲的咆哮仍然回荡在她耳边。她觉得这件事直接造成她不敢面对任何哪怕十分微小的冲突，难以在成人世界进行个人、社会和职业方面的自我肯定。在直觉上，她把铭刻在记忆中的父亲的愤怒，与面对任何争论和潜在分歧的恐慌心理联系在一起。显而易见，在拥有正当理由的情形下，成年人不必禁止自己发怒，不过当他作为父亲这样一个拥有权威、负有保护和安全责任的角色，特别是面对自己的女儿时，他必须考虑自身情绪爆发的原因及其可能对孩子造成的影响：因为，无法理解和预料的发怒，可能导致孩子产生“无法落定的焦虑”，不敢拥有思考，甚至造成孩子一生以悲观态度面对任何处境。

○“在物质上我从无匮乏！”：“金主”父亲

有一种父亲会让女儿感到痛苦，因为他们只想在物质和金钱上让她感到舒适。过去，父亲作为一家之主，自然把养家糊口的责任当作重中之重；巴尔扎克的小说《高老头》就是最显著的例子之一。今天，“金主父亲”往往出现在两种情形下。第一种情形是父亲工作非常忙碌，女儿认为：“他从不着家，我和他简直形同陌路，不过多亏了他我们才能过上现在的生活……”反过来，当女儿出了问题，这样的父亲自然会找出这样的借口：“我要养家糊口嘛……”另一种情形是近来才出现的，涉及离婚家庭，孩子与母亲相依为命，父亲按时支付抚养费。卡罗琳的故事则综合了上述两种情形。8岁那年，她的父母离婚，她与母亲和兄弟生活在一起。当青春期来临的时候，她十分躁动不安，度过了一段困难时期，其中有年龄的原因，但不仅限于此。卡罗琳一股脑儿向我倾吐了她对母亲的所有不满，她觉得母亲总是过于敏感，性情反复无常，举例来说，母亲要求她帮忙做家务，但仍把她当小女孩看待。我问她是否能见到父亲，与父亲的关系如何。这个问题打开了她的话匣子：“我几乎见不到父亲。他总是在工作，什么事情都比不上工作重要。他最多给我们一些钱花——他给我母亲一笔抚养费让我上学，圣诞节的时候给我和兄弟送一份厚礼……若非如此，我觉得简直跟他形同陌路。”实际上，这个少女责备父亲缺乏关心和爱护。她有郑重考虑过将来和父亲一起生活，但她非常害怕因遭到拒绝而愈加痛苦，更不用提她心里对于抛弃母亲和兄弟的愧疚感……像卡罗琳一样，女儿希望父亲对她表示关心，而这份关心并不完全是通过优厚的物质条件和令人满意的礼物表现出来的，更重要的是父亲本人的陪伴，这是无法替代的。过去是如此，在经历性别平等斗争的今天更是如此。

○“有一天，我看到他在哭泣……”：消沉的父亲

哭泣的父亲，毫无疑问是让小女孩最为心碎的画面，由于她们希望看到一个像童话故事中那样坚强快乐的父亲，这幅画面就更让她们惊慌失措。这样的情景虽然罕见，甚至可能是她头脑中的想象，仍将对她的精神造成强烈影响，激起她的反抗、不公、愤怒或负罪情绪，导致她深刻怀疑男人的脆弱性和表象的不可靠性。

玛蒂尔德就是一个例证，她最近因为夫妻关系的问题来向我咨询。夫妻两人都是教师，在上学的时候相识。他们相恋结婚，现在有了三个孩子。6个月以前，玛蒂尔德还对她的丈夫保罗充满钦慕，佩服他的艺术品位、修养和教学才能。现在，她却不能理解他了。最近一段时期，他对工作丧失兴趣，声称要重新拾起20岁时候中断的戏剧学习，不再管家里的事情，在家的时候一直“魂不守舍”。玛蒂尔德抱怨说，自己不得不承担夫妻生活和家庭生活中的一切。她工作努力，很开心地照顾儿女，不过她反复表示，自己不可能管得过来所有事情。夫妻两人感情恶化，冲突越来越多，玛蒂尔德觉得自己对丈夫越来越没有吸引力。按照她的想法，保罗完全有权利渴望改变生活，不过她感觉在丈夫的头脑中，做点儿其他事情的积极想法并不强烈，逃避和掩饰某种沮丧情绪才是真的。

夫妻关系的困局牵扯出玛蒂尔德小时候历经困难才走出的一段经历：她爱的人陷入消沉，这不是第一次了。在她10岁的时候，父亲不知什么缘故经历了一段非常低落的时期，直到后来她才明白那是抑郁状态。她爱父亲，而且以他为傲。父亲是当地小有名气的画家。她一直和父亲比较亲密，因为她的母亲专横严厉，缺乏同情心。在她的记忆中，父亲是个随和温柔、感情细腻的男人，在她烦恼伤心的时候，父亲会把她抱在怀里。后来危机来临了。她记不清持续了多久，父亲不再出门写生。他把自己关在画室里，她是不被允许进去的。她记得自己有几次躺在画室门口，借口自己要做作业，希望更加靠近父亲，听听他是不是在哭泣。玛蒂尔德的父亲似乎从未从这段抑郁期中恢复过来。他不再关心艺术创作，找了几个价值不大、收入也不高的兼职，为全家造成了物质上的困扰和心理上的不安。玛蒂尔德反复说，从那之后父亲完全变了一个人；而她自己，在直到父亲去世为止的多年时间里，坚持用自己的方式支持他，试图不惜代价地安慰他，逗他开心，希望自己的学业让他感到满意。

现在，玛蒂尔德感到悲剧再次上演了。她明白自己现在的状况和儿时的经历有联系，因此不想让孩子们经历这样的痛苦。难道她一辈子都要坚强，和一个她必须支持的男人生活在一起，哪怕牺牲自我也在所不惜？牺牲还是自由，这个选择并不容易。玛蒂尔德明白，丈夫不是父亲，她应该让他面对自己的责任。于是她就这样去做，与保罗进行了坦率而平静的讨论。这在丈夫身上产生了有益的反应，他收到必须做出回应的最后通牒，最终想出一个在教师职业和戏剧梦想之间可以接受的妥协，而且重新找回与玛蒂尔德和孩子们共同生活的希望。

○ 一个特例："我的父亲是大英雄……"

是否因为父亲写下这样的话"我像脱下裙子的女孩那样思考"[1]，作家乔治·巴代伊（Georges Bataille）的女儿洛朗

1 Bataille G., *L' Expérience intérieure*, Paris, Gallimard, 1988.

斯·巴代伊（Laurence Bataille）才这样说："写作时应该为自己的后代考虑。"[1]实际上，做名人的女儿绝非易事。我在职业生涯中遇见的名人之女，无一例外让我感到，与因其体育才能、艺术才华、政治抱负、脑力劳动等而声名卓著的父亲相处，都具有感情激烈甚至过于激烈的特征。必须承认，每个女孩对父亲的热爱、眷恋和仰慕，都因为其鼎鼎大名而更加强烈……而在青春期，女儿对父亲的崇拜或憎恨都愈发凸显。随后，她们努力摆脱父亲的影响而自立，而这个获得独立的合理想法有时会带来严重麻烦。明星子女公开发表的评论反映出这种困难。杰拉尔·德帕迪约（Gérard Depardieu）的女儿朱莉（Julie）说："我生活在一个无处不越轨的家庭……儿时的我幻想过上正常的生活……让我感到不安的是，年过30的我却一事无成，没有孩子也没有家庭。"[2]伊丽莎白·贾格尔（Elizabeth Jagger）拒绝听明星父亲米克·贾格尔（Mick Jagger）的音乐，她曾经说过："有一件事情是确定的，将来我决不做摇滚歌星。"不过并不影响"莉齐"（伊丽莎白昵称）成为时装模特，身着奇装异服，

1 Sollers P., «Lacan même», entretien avec Jean Allouch, *L' Unebévue*, 23, 2005, pp. 7–27.
2 Julie Depardieu, entretien avec David Le Bailly, *Paris Match*, 5–11 octobre 2006.

让父亲为之感到振奋。[1]

女儿如何爱父亲

在玛蒂尔德的故事中，可以看到女儿与父亲的关系，无论幸福还是不幸，都会影响她作为女人的命运以及她与男性的关系。然而，大多数父亲都爱女儿，而且父爱往往会超越一切事物。有时候父亲对女儿过于溺爱，甚至对女儿产生恐惧感，如同他们害怕自己深爱的女人。他们出于自我保护的心理，对她们漠不关心，把她们自然而然划分到“其他阵营”。他们搬出两性之间的永恒对立或无法消解的天性差异作为借口，就和他们觉得自己被女人拒绝时的做法一样。

○“父亲对我来说很重要！”：自信的女儿

与普遍的看法不同，母亲和父亲对女儿生活的影响差不多，甚至父亲的影响会更大一些。通常，一个自信而独立的女孩会对父亲怀有爱和尊敬，不过，她之所以自信而独立，是因为她得到了父亲的爱和尊敬；女孩并不了解这两种感情的过度情况：极端的尊敬可能被视为冷漠无情，过分的溺爱则会妨碍她独立成长。

---

1 «La gloire en héritage», enquête Élizabeth Sancey, *Paris Match*, 9 novembre 2006.

斯特凡妮发现，她在青春期的选择受到一种无意识的驱动，那就是渴望父亲能够以她为傲。之所以在中学毕业会考时选择文科，是因为她希望延续父亲的家世传统，她的祖母是文学教授，父亲则从事法律工作。在找工作时，斯特凡妮选择了一家人力资源领域的大企业，父亲一直在这家公司工作，而且感到很快乐。第二年，她跟这家企业的一个管理人员结婚。他们两人感情深厚持久、志趣相投而且彼此温柔以待。

所有人都说，斯特凡妮是个自我感觉良好的女人，她勇往直前，充满自信，接受自己和他人的局限。她的丈夫对父女之间的深厚感情毫不介意；在三人的关系中，每个人都各得其所，他们在一起的时候，愉快地高谈阔论，讨论“公事”，同时夫妻二人也拥有从不与其他任何人分享的私密时间。虽然与父亲保持着密切的关系——尤其是在工作上面，但斯特凡妮仍然成功地以自主方式塑造了夫妻关系和女性生活。

成家立业多年以后，斯特凡妮开始对工作感到厌倦。她觉得自己没有获得期望中的认同。于是她考虑更换工作。她打算与女性好友合伙创办一家鲜花销售网站。这个计划将带给她更多自由，而且可以改善物质生活，因此让她动心。丈夫鼓励她把想法执行到底：他给予她前进和坚信的动力。父亲也愿意听她的倾诉。他并不反对，不过较为谨慎地提出帮助她制订一份财务方案。这份财务分析暴露了斯特凡妮构想中的公司的脆弱性。

斯特凡妮感到有些失望，但并没有做错事的羞愧感，哪怕是面对自己的父亲。她不愿一意孤行，反而明白这个创业计划的提出得益于丈夫对她的爱；而她敢于告诉父亲这个计划，是因为父女之间的良好关系和她对父亲的信任。经过反思，这个不服输的30岁女人决定，与其转行，不如跳槽到另一家公司，获得人力资源行业的一个更高职位。她在内心深处感谢她的两个男人——她就是这样称呼他们的——用各自的方式支持她，倾听她的诉说而不加以评判，帮助她执行自己的计划，哪怕是脱离实际的计划，始终不渝地既尊重她的自主又费心去保护她。

○“时刻缠着爸爸！”：依赖父亲的女儿

就像哥本哈根的礁石上的小美人鱼，过于依赖父亲的女儿可能会陷入孤独和忧伤的命运。这个比喻颇具代表性。安徒生笔下的女主人公小美人鱼出生在华丽的海底世界，她爱上了自己在风暴中营救的王子。她打算喝下魔药变成女人。然而魔药夺走了她的迷人歌喉，王子对这个哑巴美人感到失望，于是抛弃了她。如果她要想变回美人鱼重归大海，就必须刺杀王子，然而她却无法狠下心来做这样的事。于是她跳入大海，等待她的是永远的孤独与哀愁。女儿必须象征性地“杀死父亲”，也就是说摆脱父亲，获得自我实现，找到自己的生命伴侣。否则她可能一辈子孤苦伶仃。

当然，两种类型的关系不一定很容易区分，一种是女人与男人的和谐关系——这段关系始于女儿与父亲之间——其中存在一定的依赖性，不过双方都感到愉快，而且尊重对方的独立自主；另一种关系是女人对男人的依赖，同样发端于女儿对父亲的依赖，这是一种存在缺陷的关系。然而在某些情况下，可以毫不迟疑地说，有的女孩的确过于依赖别人。并不是说她们在焦躁不安和无所事事的时候大发小孩子脾气，毕竟每个人都可能有这样的毛病——我所说的女孩会期待她们的父母、男友、丈夫或者其他任何人，持续不断地供给她、满足她的基本需求，对她有求必应，由着她任性，总而言之，面对现实的是他们而不是她。

另一类女孩的形象则较为复杂，不十分鲜明。这些女孩总是怀着不理智的深刻恐惧，时时害怕别人会侵犯她。按理说她们内心充满怀疑，应该与人保持距离。然而结果恰恰相反，这些女孩依赖别人而且十分多疑，总是不断寻找一段能让她们感到信任的关系，有时甚至会迷失自我，忘记自己需要什么。简单来说，这会导致两种情况：一种是浅薄的接触，它永远无法获得稳定发展，并会使她产生深深的悲哀并且加剧她的疑虑；另一种是看起来成功的关系，却无法完全消除不信任感，那持续顽固的不信任感会在暗中消磨她的内心。

这种依赖性有时自己并不易觉察。奥菲丽就是这样，她年轻漂亮，从事翻译职业。她从未入职一家能赚更多钱或工作更加稳定的公司，主要原因是她觉得自己无法履行合同。即使作为自由职业者，她也因此失去不少客户，她感到很遗憾而且自责。奥菲丽对自己在这方面的无能为力感到费解。她有两个幼小的孩子，丈夫在家的时间较多，让她少了很多家务，而且她很喜欢自己的翻译工作。那么她为什么做不好自己的工作呢？为什么有时候完不成该做的事情呢？这对自己也没好处。为什么时不时就会犯懒散的毛病？一段时间以来，她找到了一个有效的解决办法：到父亲公司的办公室去工作。父亲感到惊讶不已，半开玩笑地对她说："你看看，你是不是太依赖老爸了啊？"

女儿有时候依赖父亲，自己却意识不到，然而这种依赖性仍然会导致缺陷和障碍。奥菲丽回忆，小时候父亲每天晚上都帮助她做功课，这种帮助一直持续到高中毕业，显然她在这份支持下顺利完成了学业。然而进入大学以后，她遇到了极大困难，甚至在一年级的时候不得不留级。后来她的学习赶了上来，但最后那段时间学得很吃力。奥菲丽突然与父亲产生了一种她过去未想到的关系：取得中学毕业文凭后，父亲的帮助终止了；她甚至觉得父亲不再关心她的学习。那时候她很喜欢父亲给她的自由自在，她走出家门，任性胡闹，不过在内心深处，她不还是在寻找父亲的支持吗，就像现在一样？她虽然很想但无法独自工作，感到在紧邻父亲的办公室里工作效率很高，都说明了这一点。奥菲丽突然意识到，她仍然比自己意识到的更加依赖父亲……

人人都知道，小时候如何爱父母，长大后就如何爱别人。父母和孩子之间的爱深深影响孩子的一生。父女之间的温柔和爱，有时可能留下过于深刻的印记。我记得有位女性朋友拒绝了一个非常不错的职位，只因为这个职位会带来一定的不安全感。她这样解释自己的选择："你知道，我父亲一直在一家企业工作；他对父子两代老板都非常忠诚……我过去很长时间认为自己更加依赖母亲而不是父亲，但事实可能并不是这样……"这位朋友近来才明白，她一直以来都试图对父亲亦步亦趋来迎合他。

父亲的影响之强，可能导致女儿无意识地把他作为精神和心灵上追求的完美榜样。长大成人后，她们将在自己遇到的男性中间寻找父亲的感情、优点甚至外貌特征。请读者明白：不是说不能寻找所爱，哪怕这份爱源自父亲，而是说这样做并不意味着一定能得到幸福。当年的女孩嫁作人妇，可能在某天早上向不耐烦的丈夫大发脾气，指使他去做家务，或者抱怨他花钱，脱口而出的就是这样的话："你说话跟我爸一个样！"另一方面，如果丈夫哪一天恼火起来，可能会说出憋在心里的话："你怎么不嫁给你老爸……"在这样的情况下，儿时的恋父情结——当然完全出于虚妄，也许只是孩子对父母的爱的具象——可能突然变得前所未有地客观起来……

尽管如此，我们往往只是尝试揭露人际关系中的消极性和负面性。然而女孩在父亲和她自己之间，或者父亲和她所爱的男人之间，从心理上就会产生无意识的认同感，那往往是为了在爱人身上找到父亲的优点而不是缺点。拿父亲做榜样不一定给身份认同带来不利的意象：女孩也可以在父亲身上找到优点，促进自己的成长和成功。

○"安慰我吧……"：焦虑的女儿

我在前文提到，男孩的天性似乎更加易怒，女孩则似乎更容易焦虑。总之，女孩更容易承认和表现自己的不安，而过度焦虑会带来痛苦。

贝亚特丽斯明白个中滋味，从小时候起她就出了名的容易焦虑。到了30岁，她说自己像个疑神疑鬼的傻瓜，受不了别人一点点批评，爱从周围的人那里仔细观察可能让她害怕的批评或指责的任何一丝迹象。她把这种焦虑的性格归咎于一种得不到父亲理解的特殊情况：她有个孪生姐妹，两人非常相像，而她一直努力显示出自己的不同。贝亚特丽斯记得，在学校里，当同学们并无恶意地对她说："真奇怪……我们总是分不清到底在对你们两个中间的哪一个讲话……"她就会感到非常恼火。虽然她知道姐妹俩兴趣相投，但她还是非常敏感，不喜欢妹妹处处模仿她，和她穿一样的衣服，玩一样的游戏。因此，她喜欢网球，经常去打网球，直到有一天妹妹想和她一起去……贝亚特丽斯说："最痛苦的莫过于拥有'生活在别人影子里'的感觉。我知道妹妹对我的感觉也是一样……这导致我特别留意别人对我的想法、期望和诉求，以及他们如何评价我的行为，包括我的父亲……"提到父亲，她认为父亲从来不理解她的问题：她需要父亲的关注，才能发现自己的存在价值，父亲却把更多时间花在抹除两个女儿的不同上面。她补充道："我甚至觉得他为我的焦虑多疑感到恼火……可能出于这个原因，他偏爱我的妹妹……至少他的反应是错误的。"她希望父亲理解她的这种性格，她自己也为此苦恼，而且造成孪生姐妹的焦虑感，然而父亲只对她的敏感性情发表并不高明的意见和讽刺评语，进一步恶化了她的情绪。直到如今，贝亚特丽斯仍然等待父亲对她说出安慰的话。

加布丽埃勒的故事大致相似。她也以某种方式责备父亲造成自己的过度焦虑。她觉得父亲对自己太严厉，而且从未理解过她有多么敏感。父亲的严厉主要在于疾言厉色，平心而论，加布丽埃勒知道父亲心肠不坏，并且深爱着她。在向我寻求心理咨询之后不久，这个长相标致的25岁年轻女子与人力资源部门的负责人进行了一次事关新工作的入职面试。她对这次面试心存恐惧，因为她十分不情愿被别人评判。之所以找我来做心理咨询，也是因为她缺乏安全感，这让她长期以来感到痛苦，而且逐渐将之视为个人和职业生涯中的障碍。自从知道别人对她抱有信任感，她就更加觉得缺乏安全感。这一矛盾加剧了她的痛苦。

加布丽埃勒乐于助人，愿意耐心倾听和提供帮助。别人也就真诚地待她：他们遇到麻烦就向她倾诉。几个月前，她对待别人的方式引起父亲的看法，父亲责备她对别人“太善良”，给她起了个绰号叫“特蕾莎修女”[1]。这种待人方式由来

1 特蕾莎修女（1910—1997），又称作德兰修女、泰瑞莎修女，是世界著名的天主教慈善工作者。——译者注

已久。她回忆，小时候姐姐总是打发她向父母请到家里来吃饭的客人打招呼，她就照姐姐说的做，并且很高兴能讨好姐姐，也感到自己是个有用的人。到10岁的时候，她十分亲近的外祖父突然过世，从这个时期开始，母亲常常在心情不好的时候向她倾诉。加布丽埃勒非常惊讶，她总能为别人感到焦虑，试图帮助他们。然而，她不止一次对曾经帮助过的人感到失望。最近的一次是她最好的女性朋友，她曾多次并长时间在电话里给这位朋友以鼓励。“而且所有人都喜欢打电话给我。”她说。

加布丽埃勒是个真正焦虑的人，她总是担忧将来，总是试图通过对别人的关注来抵御这种深刻焦虑。她解释道，一方面，她无时无刻不感到担心，尤其是当她无法控制和掌握周围的传言和事件之时。另一方面，她也对自己有时出言不慎感到惊讶。她自称是个笨到家的女人，却不知这是由什么原因导致的。渐渐地，她意识到自己可能过于热心肠了，显然，她需要时不时地表达真情实感，哪怕是负面的想法，尤其是对于自己的父亲，她认为父亲不理解她，也不去费心安慰她，虽然父亲可能是唯一能给她安慰的人了。

在这个例子中可以看到，倾听别人诉说衷肠的行为，可能会被权威的态度打断，人们把这种权威赋予父亲，父亲也安之若素，相信这正是他们应当发挥的作用。另外还要知道的一点是，父亲作为男性，通常会逃避面对别人的焦虑，包括他们的女儿。作为一种典型的男性态度，他们的反应或是寻求问题的具体解决办法，或是火上浇油，让人更加烦躁不安，这可不是什么好办法。

○“要是我敢于……”：害羞的女儿

本能和一定程度上的羞怯对儿童来说完全正常，这是遇见陌生、意外或无法控制的事物时的一种审慎态度。同样，父亲多年后提及，女儿小时候显得特别胆小怕事，这也是完全正常的。研究显示，羞怯是童年时期最稳定的举止表现。教育不是万能的，虽然它可能减轻或强化早期的害羞性格[1]：在幼儿时期被划归到“害羞”类别的孩子中，有25%的儿童在7岁时仍然性格羞怯。

在成长过程中属于过度羞怯类型的女孩，通常在后来的时期表现出过分压抑。这种压抑继续发展下去，往往会在青春期再度加剧。羞怯的个性可能影响人际交往和智力方面的发展。在少女时期，她将显得特别缺乏自信，并导致她怀疑自己获得的知识、自己写的作业和课堂发言。哪怕这种害羞

1 Kagan J., *Galen's Prophecy*, New York, Basic Books, 1994.

或压抑没有成为学习的障碍，自我怀疑也可能导致她的选择和定位不符合自身能力。

正如焦虑的女孩，羞怯的女孩也常常指出父亲的行为是产生这种性格的决定因素，更是其发展的决定因素。父亲作为标杆和榜样，被女儿恐惧和深爱着，他的理解态度或许可以消除女儿的胆怯，不过这些羞怯的女孩往往只会遭遇父亲的沉默和厌烦：他们常常会加剧她们的羞怯，而且对她们缺乏信心。长大成人后，羞怯的女孩仍然对父亲的“缺失”保留着痛苦记忆。有位朋友向我讲述了他最小妹妹的故事，这个女孩学习非常用功，在中学毕业会考中取得优异成绩，有望升入理想的大学。她想学医，毫无疑问，她对医学感兴趣，也有学习能力。只有一点，她自己感觉不够格，觉得学医的女孩应该比自己聪明得多。这位朋友的父亲是毕业于巴黎综合理工学院的高才生，但当他听到女儿决定从事美容师的职业时却“毫无抱怨”。他可能只是不知所措，也对女儿缺乏抱负而感到悲哀，但他不知道该如何与女儿谈这件事，便只干巴巴地说了一句话：“你喜欢就行。”这位朋友告诉我，他确信，妹妹当时对父亲的鼓励望眼欲穿。然而她什么也没有盼来，他觉得妹妹有一种被抛弃、甚至是被背叛的感觉。30年之后，她仍然没有摆脱这种感觉——她似乎一直对父亲的缺乏信任心存怨怼，尤其对于上文所说的那一天，不过她从来没有说出口。但年过五旬的她仍然自我封闭，没有朋友和未来。

从外在表现来看，害羞的女儿最显著的特点是人际交往方面的羞怯所导致的内向、沉默，不敢在餐桌上或人群里发言，不敢参与自己想要的集体活动。羞怯女孩的父亲们通常不知道，他们的女儿拥有异常丰富和发达的幻觉与想象世界，她们之所以不敢在父亲和其他人面前讲话，是因为害怕这些空想和幻觉被人发现，尤其是当某些幻想把对话者包括在内的时候。通常与害羞有联系的，不是由性欲和侵犯欲所带来的负罪感，就是某种羞耻心，女儿希望留给父亲好印象、希望父亲以她为傲而不得，就产生了这种作为负面镜像的羞耻心。随着逐渐迈入成人社会，羞怯的性格渐渐变得不明显了，但它仍然会顽强存在很多年，就像我朋友的妹妹那样。

○“我爱你，我要离开你！”：挑衅的女儿

有位不安的父亲给我打电话。他的女儿夜不归宿。他恼火地大叫：“这次她玩出格了！还是和那个她只交往了一个月的比她大十岁的家伙！这种状况必须改变，不能再这样下去了！”幸运的是，女儿埃洛迪回家了，几天后她和父母一起来见我。

这个少女不想来，这是显而易见的——她不肯说话。父亲向我描述目前的状况，母亲显然对女儿深感焦虑和气愤。我得知母女之间经常吵嘴，而且越吵越激烈。埃洛迪最近转学了，目的是摆脱原来班里“坏孩子”的影响。据母亲描述，女儿是个倔强顽固的孩子，不听话而且非常敏感。父亲插话说：“是的，的确如此，她非常敏感，而且喜欢挑衅别人……”在学校里，埃洛迪还算好学生，但老师们都特别指出她的确喜欢挑衅。父亲说，女儿做蠢事和咄咄逼人的时候，他就敬而远之，不肯落入他所认为的挑衅当中。埃洛迪第一次开口，就瞪着母亲说：“我就是和某人学的！”我请她解释一下这是什么意思，她便滔滔不绝地对母亲进行抱怨，指责母亲总是打扮得花枝招展，惹人注目。

我感觉埃洛迪的父亲不太善于坚决贯彻作为父亲的立场。埃洛迪在叱责了母亲一番后，又把目标转向父亲。她在我面前说，父亲没有权力禁止她出门去自己想去的地方，见自己想见的人——不管怎样，如果他现在“禁止”她，她将来也会以其人之道还治其人之身！父亲则找我当“靠山”，问我觉得一个25岁的年轻人约会一个刚满15岁的女孩是不是正常。我暗忖，这个男人不自觉地把自己摆在女儿男朋友的对立面，却没有运用父亲的权威。我反问他，埃洛迪和一个比她大得多的小伙子约会，而且这个人据我所了解在那一带名声不佳，他这个父亲有什么想法。这个问题让他一时语塞。埃洛迪的母亲愤愤不平地抱怨：“别管怎么说，你该在家的时候总是不在家！”接下来，我单独与埃洛迪谈话。她放松了戒备，主要向我谈了父母之间总是不停地争吵。从她记事起，父母就不停吵架，这是她不想待在家的主要原因。我把刚才给她父亲的问题拿来问她。她回答，自己很清楚这个小伙子和她不合适，她这样做是为了“恶心”父母，不过她打心底里爱他们。她与父亲的关系尤其亲密，虽然他们之间对爱的表达似乎不容易说出来。在这次谈话结束时，埃洛迪给我的印象是一个缺乏方向和限制的女孩，在无意识地寻求父亲关注。在她的行为模式中，她直截了当地刺激父亲，父亲对此很明白，但却难以承受。

当女儿进行挑衅时，她最喜欢挑衅谁？是父亲。原因何在？为了让父亲关心她、安慰她、约束她。挑衅是女儿寻求父亲关注的一种方式。从定义上来说，一切挑衅都是为了唤起被挑衅者的反应。我多次在心理咨询中遇到这样的年轻女性，她们采取公然的施压行为，唯一的目的就是吸引关注和更多关心！我也多次看到青春期的少女在学习、人际交往和行为方面表现出困难，只是为了让父亲对她们感到忧心——

只要父亲肯出面陪她一起做心理咨询，就能减轻问题……

女性可能展现真正的对立型性格，这不是男性也不是青少年所独有的。她会对别人的建议无一例外说“不行”，无论这些建议对她有没有好处，是作为指示、命令、邀请，还是出于调停的目的。对立的态度会与她总体的性格特征相一致，但不一定针对父亲和将来的丈夫。通过这一态度，她通常会表现出一种被认为是家庭遗传的秉性，这种秉性可以在父母中的一方或（外）祖父母中的一方身上发现——“跟她母亲一样！”“跟她爷爷一样！”或是“跟她父亲一样！”。如果这种“抗议”倾向和反对性格只针对父亲发泄，情况就完全不同了。在这种情况下，女儿对父亲的批评——特别是在青春期年龄段——并不代表缺乏爱护，而是表明她有着特别强烈的渴望，想摆脱深爱的父亲以及确立自己的独立性，以便今后转向由另一个男性来铺路。

发现并坚定自我人格，的确往往离不开反抗。所有人都知道，独立不是馈赠，而要通过争取得来。对民族和国家来说是如此，对个人来说也是这样。反对和批评是保持距离的表现，当内在联系分外强烈时，就尤其需要这样做。儿子对母亲，女儿对父亲，都是这样。女儿的真正困难是超越反抗，接受自我独立的需求——有的女孩很快做到了，有的女孩从未成功或者很晚才做到。

○“我不想长大！”：长不大的孩子

就像漫游仙境的爱丽丝一样，有些女性总感觉自己被困在童年阶段。由于她的漂亮可爱、温柔可亲，她总被人当作洋娃娃一样宠爱，这会让她感到愉快，然而这种生活方式的劣势中隐藏着痛苦的种子。成为一个长不大的孩子，将出乎所料地导致她活在幻想当中，根据别人的期待打造自我人格：她被迫成为一个听话的女孩、美丽的公主、悲剧的女主角或是迷人而温顺的妻子……没有独立性、无法焕发青春活力、不能发挥潜在的力量和能力并承担因此带来的责任，这些失落情绪总有一天将导致她的不满，并越来越频繁地出现，成为她永远无法摆脱的心结。

米丽娅姆来找我咨询，因为她意识到自己无法长大。她最近和一个男孩分了手，这个男孩能让她产生好感，但她觉得自己并不真正爱他。她明白，自己期望这个男孩能照顾她，给她带来关爱和安全感。类似的情况在她身上发生过多次了。米丽娅姆认为一再出现同样的问题显示了一种严重而深刻的障碍。她没有足够的能力进行自我评价、建立自信或积极处世，因此总在寻找一个能够依靠且有能力保护她的男孩。这个女孩细腻而聪明，做了很多思考，试图独自分析产生这种心态的原因。她觉得这与自己的童年有关系，父亲和她很亲昵，后来父母的离婚对她产生了极大震动。那时她才4岁。她记得那时候自己经常哭泣，父母却不记得这事了。父母的遗忘让她感到震惊，她开始疑惑自己当时是不是把悲伤隐藏在了漠不关心和快乐的外表下，又认为自己有一种被抛弃的感觉，且比她表现出来的要强烈得多。如今，她致力于探寻童年时期到底失落了什么。岁月如梭，她逐渐长大成人，对童年心迹的痛苦探明，让她产生了自己拥有巨大潜能的想法。米丽娅姆坦然面对了父母令人失望的形象，尤其是她的父亲。她渐渐找到自我成长的力量，不再期待父亲给予她这种力量。换句话说，她长大了，承认自己超越了童年。要想摆脱长不大的孩子这一状态，女孩迟早要抛弃原有的愿景，心甘情愿凭借自己的力量积极生活。

○ 代替父亲统治地位的女强人

与拒绝长大的女人恰恰相反，人们通常所说的“女强人”[1]拥有男子的脾性，她们拒绝接受女性价值观，以男性的能力和力量为榜样。传说中，亚马孙女战士把男性当作生殖工具；她们剥削男人，甚至把他们当作奴隶；她们消灭父亲

1 原文为 Amazone，即传说中的亚马孙女战士。——译者注

的形象，埋没他们的姓名。今天的女强人没有那么极端，但是在很大程度上把自己当成男人，通常她们在小时候就被贴上了“假小子”的标签。若是考察她们的父亲，可以意味深长地发现他们大多都不负责任、很少陪伴、漫不经心或过于软弱。毫无疑问，正是这个原因导致女强人们对男人充满敌意和不信任，有时甚至不屑一顾。这些“斗志昂扬”的女人可能能够获得极大的社会成就和职业成就，成为女超人和超级明星，并由此暴露出自己多么需要成功，多么需要打败不负责任的父亲，因为她们需要以此来证明成为一个担负责任的强者并不难……笔者在此并不是质疑活跃和自得其乐的女强人形象，而是表明围绕父亲形象塑造自己一生的女孩会给自己的成长造成障碍，并在心里营造一种无能为力感，或是一种相反的、渴望永远掌握一切的、过于强势的态度。

第二章

岁月无情　爱却永恒

在我的执业生涯中，每天都能印证天才爱因斯坦的思索："要把复杂事情尽量简化，直到不能再简化。"当我们把话筒递给某个人，让他讲述自己的人际关系、友情、爱情，尤其是家庭关系时，我们不得不信服爱因斯坦针对科学发现而做出的上述判断。相较某一特定时刻的描述——"父亲让我感到害怕"或"我父亲永远都不成熟"——理解女儿和父亲的关系总是复杂得多。

在小时候，女儿总显得深爱着父亲。当她们慢慢长大，一层腼腆的面纱迅速遮盖了她们的情感、思维和判断。爱、恨、愤怒或是平心静气地表达这些真情实感，她们只会在生命特殊时刻或危机时期才流露出来。

我不是要低估母女关系的重要性，只想在此探讨父女之间关系的各个不同时期。父女关系似乎随着女儿的变化而变化，她从幼儿成为小女孩，成为少女，再成为年轻女人，最终成为牢牢把握自己生活的女人。在这一过程的每个阶段，虽然我们将看到其中存在种种不同，然而女儿的首要需求始终如一：希望父亲为她而骄傲。父亲的骄傲是她爱情生活、家庭生活和职业生涯中无与伦比的兴奋剂，每一个女儿，在任何年龄段，都需要感受到父亲对她的自我实现的渴望，当然不能是肤浅而自私的渴望。

在很多女孩的童年记忆中，父亲都是一个充满着温柔、快乐和怀念的形象。诚然，这些记忆在一定程度上进行了重构；诚然，它们表达了所有孩子对父母的深刻感情，表达了他们在岁月中结下的联系、在坎坷中建立的关系，总而言之，构筑孩子的人生的一切。然而，女孩凝望着父亲的眼睛总是闪烁着爱意，这初次的爱恋无论将来被何种失意和悲剧所笼罩，父亲强烈而意味深长的影像都将在她的一生中永驻内心。

小女孩的梦想是什么？

儿科专家及精神分析学家威尼科特培育了数代医生和心

理学家，把“足够好的母亲”这个基本概念传授给他们。这个概念提出，这种母亲既没有无穷权威，也没有丧失界限，显然也不会放弃孩子。成为足够好的母亲，依赖女人的个人素质，但并非仅此而已——有必要指出，这种能力也在某种程度上取决于父亲所发挥的作用。那么，什么是“足够好”的父亲？首先，他是一个带给孩子尤其是女儿人生欲望的父亲，而且不久后能成为一个能显出与母亲有所区别的父亲。因此，在女儿的成长中，经历一个又一个阶段，父亲将一直是难以忘怀的榜样。本章将从最初小女孩的出生谈起。

○ 第一个在意她的男人

在生男生女的既成事实上是快乐还是失望地接受，必然对孩子的身份感产生影响。不仅是母亲，父亲的想法也有影响。我不是绝对的决定论者，但相信在孩子出生时，父母对宝宝性别的快乐或失落非常重要。这一点如此确定，以至于现在有一种研究正是针对父母在孩子出生前的想法：“胎儿身份产生于父母对于胎儿心理身份鉴识和区别的心理妊娠期。它在人格发展中占有一席之地，参与构建人的心理认同感。”[1]“她演变的起始点是生育她的父母的身份，并在胎儿和

---

1 Missonnier S., «Bloc-notes», *Le Carnet psy*, pp.14–15, 112, 2006.

父母之间显出心理延续性的存在。”[1]

父亲想要个女儿的心愿会对后者造成无法磨灭的印记。相反，即使是宝宝无法理解的消极话语，也会造成不适，甚至成为真正的障碍。女儿听到家庭成员或外人转述，父亲本来想要男孩，就属于这种情况；父亲毫不转弯抹角地直接告诉她，很失望她不是个“男娃子”，显然也属于这种情况。我常常听到年轻女性有这方面的痛苦想法，即使长大成人也无法释然：“说到底，我父亲当时不想要我。”

除非混淆作为法律概念的性别不平等和作为事实的男女差异，否则人们无法否认，母亲和父亲对新生命的迎接以孩子的性别为导向：小衣服的颜色、婴儿房墙纸的颜色、小床单的颜色……具有时代性的社会上和文化上的刻板印象仍然指引着今天的父母们，即使他们并没有意识到这一点。他们响应着这一客观事实：女孩不是男孩，男孩也不是女孩。婴幼儿衣服和玩具的制造商们也对此十分明了，他们根据这一无法回避的事实来制定市场营销战略。这并不意味着父亲们应该对小女孩一出生就陷入其中的社会上、文化上和商业上的“女性世界”漠不关心；恰恰相反，他们应该在孩子的幼

---

1 Bayle B., *L' Enfant à naître. Identité conceptionnelle et gestation psychique*, Toulouse, Érès, 2006.

年时期就积极介入并影响她的成长，因为他们能够带来至关重要的差异性：只要父亲们稍稍懂得如何表达，就能建立一种由父亲的选择所浸润的父女关系。

与母子之间一望而知的差异不同，承认与女儿之间的相异性要牵连到三个人：母亲、孩子和父亲。妈妈很早就对儿子和女儿另眼看待。比如说，孩子一出生，妈妈对男孩和女孩采用的姿势动作就不一样。再比如，她们更加自觉地按照男孩表达的意愿来调整身体、睡眠和进食的节奏，对女孩就差一些。对这种差异性有多种解释。有些专家认为母亲在哺乳男婴时感到较为弱势，甚至有专家声称，母亲“因其女性特质所唤醒的性感知，而被男婴刺激性欲……”[1]在此，我提出另一种意见：母亲本能地知道女儿比儿子更容易获得他人——也就是父亲——的爱。女儿们则对父亲有种眷恋，堪与她们最初对母亲的眷恋相匹敌。但是除了所有孩子——无论男孩还是女孩——都具有对父母的爱，父女关系中还存在父亲对女儿的诱惑以及父亲在女儿摆脱母亲时所具有的至关重要性。

---

1 Marbeau-Cleirens B., *Les Mères imaginées*, Paris, Les Belles Lettres, 1988.

身为男/女孩的父亲

很多父母虽然承认各个孩子都是不同的，拥有自己独特的脾气和需求，但仍然相信自己给予了每个孩子相同的教育。父母们特别愿意承认女孩和男孩天性不同，表达愿望和拒绝的方式也不一样，然而他们却不愿意承认因自己的行为而造成的差异。

一位年轻母亲曾经告诉我："老公给朱莉娅换尿不湿的方法和我不一样……"我可以做出这样的延伸：他触碰女儿的方式不一样，跟她说话的方式不一样，抱她的方法也不一样，等等。儿童早期关系的研究专家对婴儿针对父母双方的行为进行了认真观察，指出婴儿可以感受到父母对待自己的行为差别，即使这种差别表面上看来极为细微，婴儿甚至对此进行观察，以鲜明的方式构筑自己的性别身份。父亲与母亲一样，很早就参与到儿童身份的构建当中。例如，在这方面的研究表明，相较于男婴，女婴会更加自发也更早对周围的人发生兴趣，包括她的父亲，父亲也因此会更加关注她。同样，当女孩开始讲话时，她们话比较多，也更善于用词语表达自己的愿望和感受，因此女孩与父母的对话比男孩丰富。

男孩更多通过行动来学习，女孩则更多通过说话来学习。所有的研究都显示，父亲们可以本能地认识到这一点。

因此父亲们较多地通过身体活动与儿子互动，培养他们的斗志和勇气，同时倾向于调动女儿的谨慎和敏锐。父亲们对孩子的温柔呵护也有不同的表达方式。他们对儿子的爱抚通常是身体上的，表现得“雄健有力”，他们把儿子“拦腰抱住”，紧紧抱在怀里，让儿子把脑袋钻到自己的套头衫里；而他们抱女儿的方式与此不同，是轻轻抱她，让她把头靠在自己胸口。他们对儿子和女儿的爱是平等的，不过并不相同。此外，当有人问起父亲的作用时，男孩通常回答“限制”和“禁止”，女孩则更多提到“保护”，虽然她们也会想起让人舒服或不快的权威。女儿需要在父亲的目光中看到欣赏和骄傲，她需要就自己的女性本质拥有一个愉快的肯定。

身为男/女孩的母亲

近20年来，针对宝宝与环境之间的互动，有越来越多的细致观察。大多数研究针对母亲—宝宝之间的互动，对父亲与宝宝之间互动的研究则带来丰富的启示：父亲在幼儿发育早期所拥有的地位、作用和影响是此前无法想象的。

然而，对于初为人父或初为家长的男人来说，这显然并不轻松。作为女人，通常在孩子出生之时，她的母性也破壳而出。对于男性来说则并非如此，他有时候会慢一大拍。很多男人在关注呱呱坠地的女儿这件事上表现出了一定的困难：他们无法像母亲那样对孩子立即产生亲近感；他们需要一段时间“酝酿感情，不仅是在精神意识上成为父亲，而且需要感受孩子在血缘上的亲切感，逐渐做好准备来承担父亲的地位、角色和作用”[1]。

然而需要说明，尽管父亲往往需要一定时间来接纳孩子，他对女孩的接纳却出乎意料地迅速。[2]在一个名为“三人游戏”的试验模式基础上，一个瑞士团队[3]证明，数月大的婴儿能够借助母亲和父亲的不同面孔，交替建立两人或三人之间的互动。儿童精神医学专家丹尼尔·斯特恩（Daniel Stern）[4]因其对婴儿的情感协调和情绪和谐的研究而著名，他认为婴儿能够很快辨别出父亲和母亲的互动风格之间存在差异。

聚焦于婴幼儿成长发育，研究者们得以获知，在婴儿尚幼小的时期就存在所谓“共同的关注力”[5]，即能够跟随父母中的一方（这里指父亲）把关注转移到另一方（这里指母

---

1 Missonnier S., Golse B., Soulé M. (sous la dir.), *La Grossesse, l' enfant virtuel et la parentalité*, Paris, PUF, 2004.

2 Houzel D., *L'Aube de la vie psychique*, Paris, FSF, 2002.

3 Fivaz-Depeursinge E., Corboz-Warnery A., *Le Triangle primaire, le père, la mère et le bébé*, Paris, Odile Jacob, 2001.

4 Stern D. N., *La Constellation maternelle*, Paris, Calmann-Lévy, 1995.

5 Bruner J.-S., *Le Développement de l' enfant : savoir-faire, savoir dire*, Paris, PUF, 1983.

亲）的身上，并与母亲产生相互的影响。这种“共同的关注力”发轫于2～4个月大，接近1周岁的时候就得到充分发展，变得极为有效了。这恰恰说明孩子很早就有能力分辨围绕在他身边的两个重要人物。在他的依恋理论中，英国学者约翰·鲍尔比（John Bowlby）认为，孩子在6个月到1岁大的时候，能够分辨出最初的依恋对象——通常为母亲——和第二个依恋对象——通常为父亲。更有意味的是，如果选取足够多的儿童样本，就可以发现指向父亲的安全依恋和指向母亲的安全依恋比例相当，在总人数上占比三分之二。[1]考察每个孩子的个例，有必要指出，幼儿对父亲和母亲所表现出的依恋类型很少相一致，可能对父亲是安全依恋，对母亲是不安全依恋，或者相反。反之，同时拥有对父母双方的安全依恋关系的幼儿，相较于只拥有一种或不拥有任何安全依恋关系的儿童，在成长发育上具有优势。[2]通过对婴儿的直接研究，法国精神分析学家热纳维耶芙·阿格（Geneviève Haag）有力证明了低龄幼儿对有区别对象的早期分辨能力的重要性，她生动地采用“妈妈对象”和“爸爸对象”的术

1 Pierre-Humbert B., *Le Premier Lien*, Paris, Odile Jacob, 2003.
2 Lamb M. E., *The Role of the Father in Child Development*, New York, Wiley & Sons, 3e éd., 1997.

语，与同一年龄时期建立的对比概念——热和冷、光滑和粗糙、软和硬——相匹配。

男人和女人：小女孩如何看两性

与女儿相比，母亲多了一段属于她自己的往事。这导致女儿在青春期的时候存心感受并明确表达对母亲的敌意。相应地，尽管母亲企图向女儿传授经验，努力建立融洽且分享女性特质的母女关系，然而当她面对青春期女儿的魅力和独立时，却无法抛却有意或无意的嫉妒。与笔者在此所探讨的问题有重大关系的一点在于，这种矛盾情绪的起始时间似乎比人们过去所认为的要早得多，至少在女儿一方是这样，远早于俄狄浦斯期[1]，甚至有人认为这种矛盾情绪从孩子一出生就出现了：对母亲的需要、让她陪在身边的愿望，很早就与摆脱母亲的渴望如影随形。

无论如何，按照一种被普遍接受的观点，这种渴望的明显表现通常发生在孩子18～24个月的时候，恰好与获取促进自主性的两大能力发生在同一时期（这两种能力是走路和说话）。全世界所有的妈妈都注意到，这个趋势的一个典型表现是女儿喜欢对妈妈的任何建议或要求都说出“不”字。这

1 心理学上指儿童性心理发育的一个关键期，通常在3～6岁期间。——译者注

种强调自主和独立性的倾向，是每个孩子生而有之的，然而除此之外，小女孩还能敏锐而心绪复杂地寻求父亲的支持。

在有关父亲地位的研究中，通常可以看到他作为母亲的第三方隔离者的作用，前文已经提到，这种作用似乎比人们之前所认为的更早得以发挥。然而，现在有很多专家认为父亲还发挥着另一项至关重要的职能。儿童精神医学专家贝尔纳·戈尔斯（Bernard Golse）写道：“无论父母在这个问题上存在什么错觉，如今的一切证据似乎都向我们表明，父亲确实在母子二元关系中发挥着一种纽带和衬托的作用。”[1]父亲作为母亲和孩子的“共同背景”介入关系之中，“这一背景把他们两人拉近而不是疏远了”——他使得母子关系生机勃勃。这一视角变化关系重大，因为它让人反思，父亲地位的构建不仅仅是母亲提供或强加给孩子的，这一地位本身就是母子二元关系共同构建的结果。

显然这并不意味着隔离者的功能不复存在了。甚至得益于此一功能，孩子才能理解母亲相当数量的信息，父亲在某些条件下成为“母亲语言的翻译者”[2]。这种功能还保护孩子

1 Golse B., *Du corps à la pensée*, Paris, PUF, 1999.

2 Herzog J., «L’enseignement de la langue maternelle–aspect du dialogue développemental fille-père», in *Journal de la psychanalyse de l’enfant*, 1992, 11, p. 47–60.

免于与母亲发生持久激烈的对抗，父亲成了某种“战友”，或者用更加和平的词汇来表达，成了孩子的第三方鼓舞者。

总而言之，父亲—母亲—孩子之间三角关系的出现时间，比传统的俄狄浦斯三角关系学说所认为的要早得多，这一点似乎得到了广泛认可。这些不同观点的重要性在于，父亲不再被视为隔离者或“阉割者”[1]，而是被史无前例地承认，这个角色在儿童发展的早期阶段具有克制和联系的功能。

○ 第一个让她在意的男人

在具备语言和听别人说话的能力后，女孩很快发现自己可以听到不同的语调和不同的表达方式，而且母亲有一部分语言是说给自己的，另一部分则不是。她意识到，这些不是针对她的话，是对第三者说的，其中显然包括她的父亲，这引起她的疑惑：“这个人不是我，也不是她，他到底是谁？”她很快会发现：他是她生命中的第一个男人。

女儿和父亲之间突然建立起一种深刻的不对称关系，原因不仅在于她是幼儿而父亲是成年人——因为年龄差异同样存在于她和母亲之间，那不过是一种“基本的人类学处境”[2]的表现，是身为成年人的母亲和父亲对初生婴儿所施予的

1 心理学术语，认为父亲是孩子的俄狄浦斯情结和性冲动的破坏者。——译者注
2 Laplanche J., *Entre séduction et inspiration*, Paris, PUF, 1999.

“最初诱惑”的来源——它在于父亲是女儿生命中的第一个男人，但女儿并非父亲生命中的第一个女人。父女关系中的不对称性，显然符合让·拉普朗什（Jean Laplanche）所定义的“谜一般的能指”[1, 2]，当然初生婴儿是意识不到的。

一位女性朋友告诉我，她小时候很喜欢观察父亲在奶奶面前的表现，他们三人有时会一起吃饭。她看到，父亲在奶奶在场的时候表现与平时不一样，他不像与她母亲、哥哥和姐姐一起吃饭时那么引人瞩目。作为男人，他生命中的第一个女人从过去到现在都是他的母亲，而小女儿的诞生，因其作为女孩而显然成为父亲与女性关系中的一部分。在成为父亲之前，男人已经是儿子和兄弟，他会无意识地把自己对女性世界的想象投射到女儿身上。曾经有个男人这样对我说：“我不知道为什么，当我在产科病房看到女儿被她妈妈抱着时，我就想起我的姐姐和母亲。想到她们之间的关系，我产生了一种不愉快的感觉，心想我妻子千万不能和女儿复制我母亲和姐姐之间那些事。”

然而，因为女儿是他的孩子，父亲将给予女儿不同的地

1 能指（signifiant）为语言学概念，后引入心理分析学，拉普朗什用“谜一般的能指”表示孩子被父母的性的无意识所渗透。——译者注

2 Laplanche J., *Entre séduction et inspiration*, Paris, PUF, 1999.

位，有异于生命中的其他女性，尤其是他的母亲和妻子。对于女孩来说，父亲肯定是生命中的第一个男人。她想使他中意，这是正常的想法，正如父亲喜欢女儿，也希望得到女儿的爱。不过矛盾在于，他们彼此越是明白这些感情，他们就越是害怕，也越有可能惹彼此不快。要如何维持强烈而充满活力的父女关系，以避免陷入不切实际和无以为继的地步？答案或许是，清醒意识到父女关系是向前发展的，不能把双方僵化为一成不变的角色，如女儿总是女性化的一方，父亲总是男性化的一方。

发现世界

所有把婴儿与父亲之间互动和婴儿与母亲之间互动进行对比的心理学研究，都揭示出一些共同点，同时也显示出某些差异。在这些差异当中，有一种说法认为，父亲的主要作用之一在于他具有把孩子——不管男孩还是女孩——推向外部世界的本能。父亲负责游戏，母亲负责照顾？显然并不是如此，尤其是在当今社会[1]，不过说到在游戏中的交流方式，客观来说父亲和母亲之间是有所不同的。母亲努力吸引孩子的注意力，往往特别喜欢运用玩具，她的目的在于教育

1 Pierre-Humbert B., *Le Premier Lien*, Paris, Odile Jacob, 2003.

孩子；父亲则显得更加活跃有力，刺激孩子对周围世界的兴趣。这或许能够解释在5个月大的婴儿身上所观察到的，他的社交性和父母投入之间的联系。[1]

米歇尔·菲尔德（Michel Field）在他所著的《讲给阿奈尔的残酷故事》[2]中，用15个故事的形式给女儿讲述了在她出生的那个寻常而特殊的日子里，五大洲发生了什么事情。他特别抛出了父亲的第一个疑问："怎样给初生的孩子讲述这个世界？"母亲具有难以置信的能力，凭借直觉抓住孩子的感觉，对他评头论足，造成一番听起来很合理的假想中的谈话；父亲则采取另一种方式，他把孩子与周围的世界联系起来，告诉他："看那漂亮的树木……""这是爸爸的朋友……""你长大了也会有一辆漂亮的汽车……"顺着这一思路，可以看到这样的话语对那些勇于创新、冒险和探索世界的人来说具有安抚作用：例如，如果观察游泳的婴儿，就会发现他们更多响应的是父亲而非母亲的激励。[3]

遇见不同的人

向有异于自己的事物敞开胸怀，毫无疑问要通过母亲和

---

1 Pedersen F. A., Rubenstein J.-L. et Yarrow L. J., «Infant development in father-absent families», *Journal of Genetic Psychology*, 1979, 135, pp. 51–61.

2 Field M., *Contes cruels pour Anaëlle*, Paris, Robert Laffont, 1995.

3 Le Camus J., *Le Vrai Rôle du père*, Paris, Odile Jacob, 2000.

父亲来进行，但是父母进行这一过程的方式存在不同。尤其因为女儿和父亲之间的关系总是有点儿向本质相异者开放的意思：这里是指性别的不同。“差异”（différence）这个词来自希腊语“phorein”和拉丁语“ferre”，与“fertile”（丰富的、有繁殖力的）是同根词——差异是丰富多样的；从所有意义上来说，性别差异都是丰富的。它可能是压制、支配、抛弃的根源，同样也是构造的源泉。让·库尔尼（Jean Cournut）说得好：“差异之所以让人不安，是因为它使人分隔开来。它能够塑造和创建，让人向前进，并开启思考的空间；它使运动成为可能，它就是运动本身，能够打破相同、克隆、老旧和一成不变造成的重复而死寂的单调乏味。”[1]

对于儿童，尤其是女孩来说，母亲本质上的人格差异是通过其他人——保姆、姐姐和祖母——体现出来的。反之，男性和女性之间的根本差异，至少在现代社会，基本上是父亲所带来的。父亲抱住女儿的方式、他的嗓音和习惯用语、他注视女儿的目光、他的气味，尤其是女儿最初通过直觉从这个“陌生人”身上感受到的情绪，与她从母亲身上观察到

---

1 Cournut J., *Pourquoi les hommes ont peur des femmes*, Paris, PUF, 2001.

的有巨大的不同。她会受到这种差异的深刻影响吗？没人能够下结论，不过在女儿最早向这个世界敞开胸怀时，陪伴她的不仅是母亲。

俄狄浦斯之爱及其后续

有位女记者最近笑着告诉我："你写了本关于父女关系的书？我很感兴趣！我好像有一种顽固的俄狄浦斯情结……"毫无疑问，俄狄浦斯情结是一个至关重要的概念，也是精神分析学中最广为人知的概念。再次重申，对于小女孩来说，俄狄浦斯情结是一个暗喻，用来解释正常的成长危机，她通常会在3～6岁时遭遇这一危机，表现为虚妄地渴望父亲像爱母亲一样爱她。这一渴望非常重要，因为它具有建设性的作用，参与了女孩的性别身份构建，并催促她渴望获知别人如何看待她的迷人吸引力，以及训练她的能力来应对一切人际关系中免不了的对抗竞争。而且，小女孩要想生成自己的俄狄浦斯情结，她必须能够意识到，自己在父亲心里占据重要的一席之地……

○ 受宠的女儿

小女孩在3岁前就能感受到父亲对她的爱。人们会对她肯定父亲的爱：她听到的睡前故事会塑造出女儿深受父亲宠爱的景象，无论是迪士尼动画世界中与现实世界中的公主宝嘉康蒂[1]的酋长父亲，还是灰姑娘那个呵护她的父亲。当俄狄浦斯期到来时，实际上女孩所遭遇的是她生命中第一次爱情危机——后来的爱情危机只不过是以某种方式重现这次危机。女孩首次面临如下困境："我爱他，也希望他爱我，但是我对他的爱无法像我所希望表现出来的那么强烈，这份爱也无法像我现在希望的那样持久。"

女孩和男孩之间的不同在俄狄浦斯期表现得分外明显——俄狄浦斯情结的出现时间比传统认为中的要早，这一观点如今已经被较为普遍地接受了。弗洛伊德首次提出俄狄浦斯情结普遍存在的理论，他借助这个古老的人性故事说道："我在自己身上发现——同样存在于别人身上——对母亲的爱和对父亲的嫉妒，我认为这种感情存在于所有少年身上……"这样，确立了父亲作为第三者的地位，或者借用精神分析学家让·吉约曼（Jean Guillaumin）的说法，"父亲的第三方地位"[2]，我要补充的是，这种地位让女孩"确立了'我'的位置"。前文已经说过，女孩的处境

1 宝嘉康蒂（Pocahontas）是一位印第安部落公主，在迪士尼动画片《风中奇缘》中以主角身份出场。——译者注

2 Guillaumin J., *Le Père aujourd' hui*, Paris, L' Esprit du temps, 2003.

显然与精神分析之父所言恰好相反：她的爱的感情指向父亲，嫉妒指向母亲。也正因为如此，"未来的女人"被弗洛伊德本人视为最难的精神分析问题，即女孩必须放弃母亲这个"客体"，转而走向父亲。为此目标，她必须展现积极主动的态度来实现这种男孩不必完成的任务。这一刻，她开始对母亲说："要爸爸喂我吃饭……要爸爸给我穿衣服……要爸爸这样……要爸爸那样……"这些话完全正常，因为若是父亲无法真正进入女儿的内心——精神分析学家雅克·拉康（Jacques Lacan）称之为"以父之名的权利丧失"，那么就可能对女儿产生严重的不利影响。

在弗洛伊德的解释中，女孩对父亲的呼唤是她发现母亲"被阉割"的结果：对阴茎的渴望促使她转向父亲。这一假想主要受到精神分析疗法的启发，不过母亲确实永远无法满足孩子，尤其是女儿的所有期待。因为女儿另有期待："毫不夸张地说，在这一意义上，女儿引发了父亲的介入，她的目的是从父亲那里得到——'俄狄浦斯'（心理上的爱恋对象）。"[1]

父女关系进入一段情爱时期，因为它能对原始的母爱之情产生影响，也因为她的爱可能铺展为不会真正实现的虚构

1 Assoun P.-L., *Freud et la femme*, Paris, Payot, 1995.

情节，因此人们只能在话语、游戏、绘画和行为中观察到某些迹象。也正是为这个原因，这些情境后来都被遗忘了。更进一步来看，可以说这些情愫被日渐长大的孩子主动压抑下来，她们理解了真爱的关键，不再心存想象了。

○ 父亲的关注塑造女儿

精神分析学家卡特琳·马特兰（Catherine Mathelin）写道："如果父亲不能让女儿产生兴趣，她就永远无法拥有对白马王子的渴望。"[1]这句话完全正确，然而父亲并不因此就占据情人的地位，否则就意味着孩子和成年人之间没有区别。俄狄浦斯之爱更多地植根于温柔亲密，而非情欲涌动之中。"俄狄浦斯情结就是俄狄浦斯情结，不是乱伦！"在女儿的这个成长阶段，父亲扮演的角色是家庭三角关系的一角：父亲是女儿的父亲，也是女儿母亲的丈夫。

在母女关系中，第三者——丈夫和父亲——同时是他者、见证人和界限。作为爱的关键角色，父亲无意或时而有意地寻求获得母女双方的爱，有的父亲或许感到自己在与妻子和女儿组成的三角关系中具有不可替代性，并且积极参与其中。在女儿的整个成长过程中，甚至直到后来，他们都没

1 Mathelin C., *Raisins verts et dents agacées*, Paris, Denoël, 1994.

有完全抛弃这种想法。还有的父亲却对他面临的处境感到心里没底。他们可能以不同的形式来“逃避”，如尽量少面对她们，从来都不愿意介入其中，突然没来由地大发脾气。他们会在妻子身上激起典型的反应：“我们需要你的时候，你老是不在家！”“你根本不了解发生了什么事情……”“你总是瞎掺和！”这些话会在他们内心引起逆反情绪：“既然这样，你们自己搞定，不要再指望我来解决麻烦了。”然而，在这样的情景下，女儿对父亲的请求，恰恰是承认她的存在，在某种意义上对她投以目光[1]。有人甚至称之为“视觉的俄狄浦斯”[2]，强调当女儿为了摆脱母女关系而转向父亲时父亲所给之关注的重要性。吸引足够的关注，在这个关键时刻事关重大，若得不到父亲的关注和支持，小女孩在成长为女人的过程中可能会面临更多困难。因此，女孩不仅需要父亲作为这个想象中给她爱和支持的人，也不仅是谋求一个象征性的父亲来发挥母亲之外的第三者功能。她所需要的，是一个真实的、陪伴她身边的父亲，他会表现出温柔和关心，并默默地注视她。没有父亲的注视，她很可能变成“隐身的女孩”，这种感觉十分痛苦而且影响深远，例如，在某些患有

1 Lauru D., *Père-Fille*, Paris, Albin Michel, 2006.

2 Assoun P.-L., *Le Regard et la voix : leçons de psychanalyse*, Paris, Anthropos, 2000.

抑郁症或厌食症的少女身上，就能发现这种影响。

父亲和女儿之间存在的本质上的不对称关系可以用一句话来总结："我就是你所缺少的。"它激发了爱的情感：爱情游戏似乎就是以有余补不足。然而，爱的情感与对知识的爱不可分割。[1]从这方面来看，父亲提供了另一种具有潜力、绝不可忽视的功能：求知的渴望，它基于对未曾拥有过的知识的爱慕。朱莉娅·克里斯特瓦（Julia Kristeva）在《女性天才》一书中认为怀旧情绪和渴求新知之间泾渭分明，前者来自母亲，而后者来自父亲。

○ 母亲有益和无益的作用

女孩似乎依靠父亲的作用走出母亲统治的早期成长阶段，进入属于自我的阶段。我们能否继续引申，进而认为母女之间的疏远必然伴随着敌视，引发深刻的仇恨并持续一生？[2]不如把这个结论留给弗洛伊德和他的后继者吧，我们只关心母亲的态度。如果母亲拒绝女儿亲近父亲，如果她像童话里的继母那样，比如《白雪公主》和《睡美人》里的继母，那会发生什么呢？是不是像某些人所宣称的，母女之间

1 Lacan J., *Le Séminaire*, Livre VIII, Le transfert, Paris, Seuil, 1991.
2 Freud S., *Nouvelles Conférences d' introduction la psychanalyse*, Paris, Gallimard, 1984.

爆发激烈冲突，造成难以置信的突然发疯？[1]

不必怀疑，某些母亲的态度、某些女儿绘画的含义以及某些女性成年后的言论，似乎确实说明了这种可能性的存在。在她们的绘画中，往往不难发现以一株大树来象征父亲，男性人物占据画纸的很大一部分空间，或者被涂上鲜明的色彩；母亲的形象则骇人得多，被安排到次要位置，甚至画面一角。而且有的女性即使已经成家立业，仍在多年之后愤愤不平："母亲让我感到窒息！幸好还有我的父亲……"或是感到遗憾或抱怨："父亲总是很软弱，他总是附和我母亲！"有的女性只有继续忍受母亲而别无选择，对于她们来说，与父亲的关系仍然至关重要。

本文并非质疑母女之间存在的情投意合。融洽的母女关系会让孩子感到来自母亲的爱，让她主动模仿母亲，把自己视为母亲的作品和复制品，协助她塑造自我的形象，发展出完善的女性身份。科莱特（Colette）[2]在她的书里这样提到母亲西多（Sido）："我的母亲喊我'美人儿，金宝贝'，让我出门去玩。她看着她的'杰作'跑来跑去，在斜坡上滑下

1 Klein M., *La Psychanalyse des enfants*, Paris, PUF, 1959.

2 法国女作家科莱特（Sidonie-Gabrielle Colette, 1873—1954），1948 年获得诺贝尔文学奖。——译者注

来。”母亲对女儿的爱通常是无法质疑的——在达·芬奇的油画中，圣安娜注视着坐在腿上的孩子，露出美丽的微笑，让我们想到母亲的爱——然而在女儿的发展期，女孩要想继续成长就必须摆脱母亲。母亲要明白而且接受这一点，即使对她来说不无代价；父亲尤其要在女儿的成长历程中扮演重要的角色。

○ 走出危机

前文已经提到，俄狄浦斯期是危机时期。所有危机都承上启下，我们已经探讨过之前的阶段，那么这次“爱的危机”[1]后续如何？概括来说有四种可能的后续表现。

“驶入深海”。俄狄浦斯之爱仍然存在，不过建立起一种距离，使得小女孩能够重新变得清醒，或者更确切来说让她变得理智起来，形成自己的判断，继续长大成熟，在不依靠父亲的情况下坚定起来。父亲慢慢发现女儿可能因为与自己过于亲近而感到不安，便开始抑制本性，变得更加慎重，并在外在行为上克制自己的爱。身体的触碰是既具体又具有象征意义的表现，是两个人之间情感生活的基础，然而它必须在某一时期内有所限制。我曾经写过一段关于母子关系

1 Cournut J., *Pourquoi les hommes ont peur des femmes*, Paris, PUF, 2001.

的话，这段话更适用于父女关系："虽然禁止身体接触所力图避免的，首先是寻常的自我伤害、烧伤和割伤，不过在更深层次和象征意义上，它事关两种更严重的禁忌：死亡和乱伦……当触碰一举刺穿象征性的边界及其升华，对禁忌的违背将打开把意图变为行动的闸门，温柔亲昵就消失了，精神分析学家认为，幸好是这种温柔把无意识的乱伦心愿蒙蔽起来。"

潜伏化。木炭一直准备重新点燃俄狄浦斯之火。七八岁的女孩仍然与父亲保持十分亲密的关系，通常会是父亲鼓励她这样做，因而阻碍她构建自我或割断与过去幼儿时期的联系。

决裂。可能通过一种感情的崩塌或曰突然的疏离，与过去的亲密关系一刀两断。决裂的突然出现，通常是因为，面对总是过度的冲动和超我人格的禁止，内心必然产生逃离的想法。

感情的大转变。在成年人的感情危机中也经常看到这种变化。女儿与父亲的关系从此以厌恶甚至离弃为主流。

显然这些不同的后续发展取决于俄狄浦斯关系中两个参与者的态度；甚至可以说是三个参与者，因为母女之间的相互关系也发挥着无可置疑的作用。既然女孩为了成长而必须首先摆脱母亲并转向父亲，她同样要在七八岁的时候与父亲建立足够的距离感。因为，与父亲过于亲密，可能让她在心理上感到受伤甚至痛苦不堪。每个人都记得安提戈涅[1]，在她短短的生命中，无法摆脱父亲形象的时时侵扰。

○ 保护女儿，同时避免扼杀她

后俄狄浦斯时期的最好前景，是父亲对女儿呵护有加，却不会让她感到窒息。所有人都一致同意，拥有自我的意识和属于自己的身份——尤其是自己的性别身份，是在青春期以前建立起来的。这种意识要求父亲的监护权力不能无所限制，并允许脱离以及建立相异性。获得父亲承认的独立性似乎是至关重要的，父亲的责任感显然是其中关键。只要听听某些女性对童年岁月的痛苦回忆，就对此深信不疑。对于这个建立判断力的时期，她们声称，觉得自己有依附于父亲的愿望、感觉和行为，甚至成为“人质”。正是因此产生相反效果，她们必须学会自我保护和反抗，变得更加独立，要不是塑造自我人格的迫切需要，她们是无法变得如此独立的。在某些情况下，出于同样的原因，父亲过于咄咄逼人的爱可能导致女儿日益疏远。父亲不一定能很好理解这个悖论，他们容易对女儿爱得太深，从而感觉不到她们在父女之间设置

1 在古希腊神话中，安提戈涅是俄狄浦斯的女儿。——译者注

的距离，并仍把她们视为小女孩。

“是的，你足够大了，可以做……”

一旦度过俄狄浦斯期，无论男孩还是女孩都会进入理智年龄段：他们足以针对自己和身边的人做出有一定分量且清醒的判断。除了儿童的自发性，他们对周围事物有了越来越多的思考，并对事物和人形成判断，包括他们最亲近的人：母亲和父亲。

这个新时期会从7岁持续到10岁，女孩渴望能够说出这样的话：“爸爸，我足够大了，能够做……”她对父亲的期待不再是亲近讨好，在晚上回家的时候把她抱在怀里，温柔和蔼地对她说话，在她不乖的时候轻轻地抱怨——她有了更加微妙的新期待：父亲对她的信任。当父亲读书时，小女孩为什么要靠着他坐，还拿起一本书？当父女两人一起看电视纪录片时，女儿为什么要发表几句评论？她的目的是向他显示存在感，告诉他，她长大了，可以拥有与他一样的文化活动和兴趣爱好。在这个阶段，若是父亲忽视女儿，对她熟视无睹，对女儿试图告诉自己的事情没有表现出任何兴趣，或者恰恰相反，若是他显得过于苛刻、专横，让女儿觉得她自己或者她做的事情永远不够好，那么她自然而然地可能对自身产生怀疑，丧失自信。结果可能产生两种态度：要么女儿变得自我封闭，要么她深信自己无法做得够好。这正是某些孩子在学习上遭遇挫折的根源。她在这个年龄段可能遭遇的冒犯和挑衅，预示着她将度过一个艰难的青春期。

“是的，我知道你能明白……”

这个年龄的女孩希望父亲不再把她们视为小姑娘，而是承认她们已经长大。她们希望父亲带给自己微笑，也希望父亲给她们讲些严肃的事情，她们如今已经准备好关心这些正事了。纳迪娜·瓦瑟尔（Nadine Vasseur）在《我没有告诉他我写了这本书》[1]一书中记录下13个集中营儿童的故事，在其中一个故事中，尚塔尔·阿夫拉姆（Chantal Avram）满怀深情和感恩地讲述了父亲如何在她仅7岁时就告诉了她集中营里的生活。她说，可能正是父亲这一郑重其事的举动，让她不像其他集中营儿童那样因为家族的苦难历史而不堪重负——很多儿童都承受了父母所遭受的无言的恐惧和痛苦。

这个真实的故事显然十分特殊，它恰恰说明，虽然父亲无法对女儿毫无保留，无法让女儿分享自己的愿望、担忧和属于成年人的秘密，不过当女儿的年龄足以理解生命中的重大问题时，他有很多方式可以对女儿开口。向女儿传授经验

1 Vasseur N., *Je ne lui ai pas dit que j' écrivais ce livre*, Paris, Liana Levi, 2006.

和知识，显示了父亲对女儿的信任，同时也给予女儿自信。这显然并不意味着把孩子当作成年人看待，仅仅是承认她开始具有思考和评判的能力——那些过去她并不具有，但从今而后可以运用的能力。

父亲不必摆出严肃和让人厌烦的表情，面对这个年龄段的孩子，他们可以在生活的欢笑、轻松和严肃中做一番平衡。因为,7～10岁的孩子正处于情感和智力发展专家所说的“潜伏期”，前后分别是俄狄浦斯期和青春期这两个“热点”时期，这个时期的特点是孩子能够凭借刚刚获得的认知和精神能力，以开放的心态看待世界。在此时期，他们的考虑变得长远一些了，他们能够记诵长篇大论并且试图寻找其中的深层含义，他们的心算能力加强了，对历史和地理十分感兴趣。

无论男孩女孩，都拥有这份好奇心和求知欲，这是显而易见的。我之所以在此重申，是因为直到今天，虽然人们认为女孩较为早熟，她们的父亲却往往认为她们更加沉不住气。有位母亲曾经告诉我，丈夫对儿女们差异对待的态度让她深感愤怒：对于心不在焉的10岁儿子，他可以花很长时间讲述他们即将游览的美国的历史，却不肯以同样耐心对待8岁的女儿，而女儿对父亲讲的话总是听得很仔细……偏见的生命力显然非常顽强！总的来说，父亲们非常喜爱女儿。

他们把女儿神圣化、理想化，爱慕她，有时候会过头。他们尽管有时要求过高，不能接受别的女人身上存在某些缺点（其中包括他们自己的伴侣），然而若是女儿拥有这样的缺点，他们却能坦然接受。不过他们也应该懂得女儿对他们有何期待，不要再把女儿当成单纯的小女孩。即使在青春期危机之前，女孩们仍然梦想在父亲的羽翼下长大成人。

青春期女孩对父亲有何期待？

没有童年期就没有青春期，虽然女孩在青春期与父亲的关系必然与此前不同，但是她们仍然怀有特殊的感情。青春期女孩有着更加复杂的有意识或无意识的需求。当然，她一直在寻求对自我的确切肯定[1]，这次是为了度过她最终成长为女人的关键阶段。

这个时刻终于到来，稚气未脱的女儿企图摆脱父亲，身为父亲必须接受这一事实。青春期女孩在这个年龄段将寻求自我肯定，哪怕付出挑衅的代价也在所不惜。她需要别人明白如何回应她保持距离的需求，表现为多少让人猜不透的沉默不语和出言不逊。父亲要理解她需要距离——面对这个正

1 Assoun P.-L., *Freud et la femme*, Paris, Payot, 1995.

在变成年轻女人的可爱小女儿，他要抓住女儿能够沟通、知道如何控制情绪的时刻，避免伤害她。

○“我现在是女人了……”

青春期是一个寻找自我身份的时期，在女孩身上最突出的表现是她开始花费大量时间在镜子面前打量自己的衣着。青春期女孩如何看待自己的身体，是一个敏感问题，她可能毫不客观地讨厌自己的身体，嫌弃自己太胖、太瘦、太矮或太高。在这样的情况下，父亲对她外表的不佳评价，即使自以为幽默，也可能影响她的一生。

正在变成女人的青春期女孩，一直都在试图确定自我身份及其所从属的群体，也一直在确定自己从属于女性世界。在这一追寻过程中，女孩当然首先依赖于母亲，因为自出生以来她就与母亲同属于女性身份。她也要获得“女性朋友”的支持，通常来说她会需要一个最好的女性朋友来分享自己的疑惑。这种身份的追寻以及自我确认的渴望，还导致她不愿意再被人视为孩子，而是希望被承认为受到男孩瞩目的少女。她出生以来就遭遇的男性世界如今展现出不同的魅力：诱惑和威胁，以及性的吸引。

有个女孩某天告诉我，她既想周末去父亲家里，又想跟男朋友待在巴黎：“我相信自己对他们两人的爱是一样的，只是方式不同……”对我来说显而易见的事情，在她看来是一个全新发现！爱需要体验和磨砺，是身体和灵魂的双重感觉。童年时期，身体极少参与，或主要以感性的“温柔日常”来体现。然而在青春期，身体发生变化并占据了首要的位置，它既能燃起渴望，又被人渴望。青春期女孩发现了激情之爱，感受到温柔亲切和强烈的肉欲吸引之间的不同。她发现这种爱指向另一个人，同时迫切要求得到回报。她明白，人会对爱产生厌倦，但从不会对被爱产生厌倦。为了自爱，必须通过他人，才能确认自己拥有爱人和被爱的能力。最终她发现自己可以把感情转化为行为，甚至没有感情也可以付诸行动。现在出现了一个根本性问题：爱有不同的类型吗？每种类型的爱分别是给谁的？人们如何去爱？又是出于什么原因？

进入青春期，女孩渴望能够延续对父亲的爱，然而她希望这种爱能以一种完全不同的方式来进行体验和思考，不能混淆于她近来从其他男性身上体会到的那种爱。青春期女孩从未有过如此强烈的需求，希望父亲的态度、行为和言语具有清晰的边界。她需要一种尊重之爱——尊重她，尊重她的将来，尊重她对别人的感情。因此可以理解，父亲模棱两可的姿态让她感到恐惧、反感，感觉受到侵犯，甚至使她遭受创伤。正如拉康所言，父亲起到的作用是“把欲望和规则结合起来”[1]。

○ 需要获得尊重

与父亲在一起，小女孩懂得表现出乖巧柔和，这是孩子试图讨好父母的方式。而青春期的女孩则很少如此露骨地展现自己娇媚可人的一面。她们显示出对距离感的强烈需求，哪怕她们仍然崇拜父亲，需要他温柔以待。应对这一新状况并不像表面上那么容易，因为童年时的出于本能和毫不含糊的讨好，已让位于更多的暧昧不明，原因是少女身上出现成熟的性征，这体现为身体上的变化、前所未有的兴奋不安和趣味爱好的改变。父亲们现在面临双重危险，不是“父爱泛滥”，就是“过于疏远”。一方面，女儿在成长过程中唤醒的并不总是十分明晰的渴望和幻想，尤其是在这个时期，还可能产生一种痛苦，表现为假装的漠不关心和过分的讥讽批评。另一方面，父亲们可能表现出某种近乎“反常”的态度，包括色眯眯的话语——“我闺女的屁股很好看嘛！”——以及不得体的温柔。具体来说，到了青春期，如果不知道女儿是否衣衫不整或是在做什么，父亲就不能进入女儿的房

1 Lacan J., *Écrits*, Paris, Seuil, 1966.

间，更不用说卫生间了。

避免不得体举止

诚然，从六七岁的时候开始，远早于青春期和发育引发兴奋不安的时候，小女孩就感受到父亲是男人，自己是个“小女人”。到这么大的时候，她就变得害臊起来：她不喜欢在父亲面前光着身子，当父亲经过时她会关上卫生间的门，如果父亲通过动作和语言显出过分的性意味态度，哪怕表面上是在开玩笑，她也会感到厌恶。到了青春期，随着身体的变化和幻想的产生，羞耻心一下子变强了。因为自身的变化，少女已经感到十分难堪，她无法承受任何加剧这种难堪的态度，尤其是父亲的态度。

这种有所节制的需求说明，为何女儿与父亲之间有时非常难以沟通。由于害臊，女儿在身体和言语上都有变化。女儿和父亲可能无法意识到这一点，他们因为某种性冲动的搅和而无法对话，所有心理学家都知道这个道理，女儿和父亲从此互相不信任，哪怕在他们可以互相交换意见的事务上也是如此。

永远不能逾越的无形界线

弗洛尔是个漂亮的17岁少女，父母觉得她太害羞了。她几乎没有女性朋友，与男孩相处也觉得不舒服。她的母亲说，女儿总是很明白道理，与父亲向来十分亲密。当我与弗洛尔单独谈话时，她的话很少，确实显得腼腆。不过，肯定是因为与我熟悉起来的缘故，她开始慢慢地敞开了心扉。她向我确认，自己的确与父亲非常亲近，但是几乎从不与父亲说话。她出于本能地说，从父亲注视她的目光中能够感到他的爱，她对此感到开心。她幸福地回忆，在她还小的时候，父亲每星期都单独与她共同进餐一次。她还说，有时候自己会因为父亲过于关心她而感到难堪，总是担心父亲在她身上、她的学习上和衣服上花太多钱。有一天，气氛非常轻松，弗洛尔向我承认，她喜欢父亲身上的女性特质——她父亲在时尚界工作，她也希望将来进入时尚界工作。

几个星期后，弗洛尔本来已经不再紧张，她几乎可以很轻松地与我交谈，却突然变得像当初那样腼腆怕羞起来，几乎不敢跟我握手或直视着我打招呼。虽然没有一上来就向她点破这一点，不过我猜有什么事情让她心里感到不安。我照例提醒她，在这里说话可以毫无顾忌，心理治疗就是做这个用的。过了一会儿，弗洛尔决定说出她从未向任何人提及的一件往事。那时候她正处于青春期，大概是12岁，她正在脱衣上床，突然惊觉父亲正在看着她。父亲的注视让她深感震撼，直到今天一想起来还心有余悸。这件事过后，她在几年间几乎从不与父亲讲话。她今天觉得，父亲当时并无恶意，只是意识到了女儿的身体正在发生变化，似乎从那天晚上起才明白了女儿长大的事实。而她其实很想和父亲讲话，不过无法做到这一点，自己也不太明白为什么这样。弗洛尔的故事表明，少女是多么渴望父亲尊重她的羞耻心。

○ 害怕被抛弃

矛盾的是，在成长过程中，女孩需要羞耻心的同时，另一种忧虑也在青春期滋长：害怕被父亲抛弃。考虑到她的行为表现，人们或许认为十四五岁的女孩希望完全摆脱父亲。事实上完全不是这样：我敢说，害怕被抛弃的念头仍然存在，而且一直不变，这简直是祖祖辈辈流传下来的恐惧。人类学家的研究表明，在古代社会，异族通婚是一种由男人们决定的“出售”女儿的行为，他们通过交换女性促进村落和部族之间的联盟友好关系。在男权统治的社会，女儿们只能忍受这种做法来决定她们作为女人和母亲的未来。今天当然时移世易了。现在是女孩们自己到了青春期就要求离开家庭，在好的情况下她们会请求父亲的准许，不好的情况下就直接违抗父母的禁令。然而可以看到，在这种情景下女儿们更愿意与母亲交流，她们仿佛害怕父亲做出无法挽回的判决或把她们赶出家门。我再度重申，女儿们不会把父亲的禁令抛诸脑后，她们知道父亲就是发号施令的人：当认为女儿面临危险时，父亲必须搬出家法，宣告禁令。排除规矩本身不公正、太过分和太可怕的情况来看，遵守规矩的依据之一毫无疑问是数千年来镌刻在女孩内心深深的恐惧，如果她们达不到自己也认为合理的标准，就会担心遭到父亲抛弃。

希腊神话总能向我们揭示，人类社会的主要关系结构持久不变。珀耳塞福涅是宙斯和得墨忒耳的女儿，她在采摘水仙花的时候被冥王哈得斯劫走。绝望的丰收女神得墨忒耳在全世界寻找她，甚至放弃了作为女神的职责。宙斯因此插手此事，命令哈得斯把女儿还给母亲。他向冥王提出如下的妥协方案：珀耳塞福涅将嫁给他成为冥后，不过她每年有半年时间与母亲生活，另外半年与丈夫生活。从中可以体会如下信息：当女儿具有自主能力时，父亲有责任让她自由选择；他应该允许女儿寻找和发现生命中的男人，并与这个男人共同生活，不过父亲也应该维持原来家庭生活的延续和传递，他本人就是这个家庭的担保和代表。父亲能够勉强接受女儿的男朋友到家里来或在假期里拜访，而母亲并不喜欢她不认识的男孩来做客，因为她担心对自己的孩子产生影响，造成不良后果。而父亲不正是处在宙斯的立场上吗？

父亲若想扮演好宙斯的角色，他必须本身行得正坐得端！16岁的梅丽莎意外听到父亲打电话，得知他跟另一个女人保持关系。她深感震惊，把这个秘密埋藏了一个月，后来有一次父母吵架，她怒不可遏地冲父亲大叫：“别说了，你在说谎！你连妈妈都骗！你一直都在说谎！你背叛妈妈几个星期了，你不把我们放在眼里！”从母亲的反应中，梅丽莎得知母亲在瞒着她，母亲已经知道丈夫的欺骗。她感到非常气愤，觉得母亲的沉默就是懦弱，要求父亲坦白全部事情。父亲有所迟疑，不过他顺从了，承认自己认识了一个24岁的女人并且爱上了她。

几个月后，我受已经离婚的父母所托，与梅丽莎见面。两个人都担心夫妻之间的问题对女儿造成影响。因为梅丽莎断然拒绝与父亲见面，即使是在他的新女友不在场的情况下。在我面前，她一再重复，父亲没有权利毁掉家庭，她决不改变拒绝与父亲见面的决心。我能感到她非常坚决，同时也受到极深的伤害。考虑到实际情况，我没有直接质疑她的观点，而是试着从小说和电影中普遍存在的冲动和爱情这些主题入手，引导这个热爱文艺的女孩对现实生活进行一定的思考。她的回答并不咄咄逼人，却总是沉着有力：她完全理解我说的话，知道自己的父亲不是第一个欺骗和离弃妻子的男人，然而她自己有一种被辜负和抛弃的深切感受，因此无法原谅他。

○ 为了自己的幸福，青春期少女需要看到父亲尊重母亲

从孩子降生之初，父亲把母亲置于何种地位，就是一个至关重要的问题，然而直到孩子进入青春期，人们才实际而全面地体察到其决定性的重要意义。若是青春期的女孩看到父母之间关系良好，她就不会产生一种想法，认为自己必须以某种方式来填补父母之间的感情缺失。如果家里的男人——显然是父亲——对自己选择的女人，或广泛而言对所有的女性，绝不口出恶言、消极否定，那么女儿的女性特质才将得到充分发展，不会存有恐惧和负罪感。

在这方面，女孩通常对父亲有三种期望：

他尊重女儿与母亲的关系；

他不利用与女儿的关系来补偿可能在夫妻关系中遇到的不满意；

他用自己与母亲的关系，展现夫妻关系的幸福典范。

正如人们所见，父亲、母亲和女儿之间的关系，如果不小心处理就很容易变成一团乱麻。必须特别注意的是，这三个人都要各自守住自己的位置，父母或孩子、男人或女人，要给其他两人足够的自由，拥有各自的生活。

对女儿来说，父亲懂得尊重自己的伴侣，承认她的优点和能力，对她既不专横跋扈，也不委屈顺从，就能成为女儿

眼中的标杆。他教会并展现给女儿的是男人和女人之间的彼此尊重，是她成为女人后不会忘记的一课。我总能感受到女儿提起父母之间的良好关系时那种内心的愉快和喜悦。面对女儿的刺激和挑衅，父亲最好能够微笑着回答："天呐，真是虎父无犬女。"我不建议他们这样回答："你和你妈简直一个模子刻出来的。"

父亲也是调解人

无论她说什么话，给人留下什么印象，青春期的女孩都是喜欢和尊重母亲的，她需要母亲，需要从母亲身上得到支持，把母亲当作知己，有时候也是母亲的同谋。父亲或许在发生冲突的时候——这在女儿青春期时常发生——听到女儿说，母亲浑身是缺点，什么都理解不了，什么都做不好。父亲要把这类话理解为挑衅或呼救——他要懂得怎么成为女儿和妻子之间的调解人，同时不要试图插手两人的关系，在某种程度上他总是无法把握这一关系。反之也同样成立。"母亲的作用是什么？"这个问题的答案常常是："平息女儿与父亲之间的冲突！"多少母亲都在某些时候要求女儿："对父亲态度好一点！"有时甚至命令她："你要爱你的父亲！"当女儿与父母中的一方沟通发生困难甚至断裂时，另一方要介入并承担调解人的责任，不要站在哪一边，而是尽可能中立，同时尽可能注重实效性，没有立场地一味跟女儿或妻子作对是毫无意义的。最要紧的是保持沟通。

分担教育责任

很多母亲希望我帮助她们的女儿，因为她们要求父亲分担教育的责任，却得不到响应！在这种情况下，我一直试图扮演的角色是女儿和父亲之间的传话者，同时回应母亲的要求。我坚信对女儿的教育要尽量由父母两人承担，不仅是在遇到困难的时期，而是自始至终都应该如此。当然存在某些情况，教育责任的分担相当复杂，甚至无法实现，例如严重冲突所导致的离婚，然而当今社会既不是母系社会，也不是母权当道的社会，即母亲占据优势地位及父亲被排除在外无权参与的社会。

话虽如此，父亲们也明白或者感觉到，自从女儿出生后，照顾、关注、安慰和保护她的职责就由母亲承担，没有母亲的这些付出，女儿无法顺利成长。这些情感记忆会烙印在孩子的心中无法磨灭。而且，母亲对于自己的不可或缺有一种满足感，她对女儿的体察入微是男人无法做到的，而她靠着女性身份和直觉做到了这些事。毫无疑问，母亲通常能够更好地接受和理解青春期的女儿，她对女儿向周围世界发出的信号特别敏感。

渴望获得承认

进入青春期，女儿期待父亲继续给予她温柔的爱，像她小时候一样，但是在这份期待之外还增加了另一种期待，两种期待有时互相渗透：希望父亲从今以后同样把她视为少女，像少女一样对待她并且允许其在家里占据相应的地位。这是一个重大变化，而且是一个棘手的转折。

“我的位置在哪里？”

塞尔玛是个15岁的少女，她向我讲述了前一星期所做的梦。她非常喜欢的历史老师带领了全体学生前往巴塞罗那。老师告诉塞尔玛，他会给她预订机票，而且只有她能享受这一优待。到了出发的日子，她赶到机场才发现老师并没有预订机票，所以她因为没有机票而无法登机……我向塞尔玛询问详情时，她想起做这个梦的前一天晚上，父母邀请好友们到家里做客，她也很喜欢这些朋友。她本以为自己会和他们一起吃晚饭，总是考虑周到的父亲会给她在餐桌上留一个位置，然而她的想法落空了：“因为很显然，父亲认为我不够格跟大人们交谈……”塞尔玛并不怀疑父亲对她的爱，却仍然感到伤心，甚至很生父亲的气，不过她不敢告诉父亲自己多么失望。

对于父亲们而言，在女儿的青春期，一方面，女儿不希望被视为孩子，因为她认为自己长大了；另一方面，父亲要尊重孩子在家里的地位，确切而言女儿在父母面前的地位。但主要困难在于如何调和这两个方面。要如何小心翼翼地给两个女人划定空间，让妻子和女儿感到他承认她们在各自领地里的地位，这个责任主要落在父亲的身上。

“我也很重要……”

6月底的时候，朱莉娅的父母请我与他们和女儿一起面谈。他们两人很担心女儿，尤其是妈妈。因为朱莉娅高一一年的成绩非常糟糕，但以前她的学习本来挺不错的。他们觉得女儿学习退步的原因是她迷恋一个去年9月认识的男孩。这个男孩与母亲生活在一起，看起来他似乎在他们家找到了久违的家庭氛围和热情，因为他几乎没有一天不拜访他们家。最近听他们的大儿子说，朱莉娅似乎在这个男孩的影响下开始吸食大麻。夫妻两人在我的诊所争吵起来，互相指责对方要对女儿的困境负责，女儿则气鼓鼓地仰着头。

每个人都坚持自己的立场。朱莉娅否认跟这个男孩的关系造成了麻烦。母亲则指责丈夫不够用心，没有确立足够权威。而父亲受够了母女之间不断的争吵，认为她们的所作所为“完全是女人的癔症”。然而一时之间父亲流露出他深受女儿行为的影响。他含着泪对女儿说，她与男朋友的关系让他很为之担心。但朱莉娅无动于衷。暑假到了，每个人都一致认为这段时期很适合把整件事平息下来。朱莉娅要去布列塔尼的叔叔家。我提议她回来后单独与我见面，她犹豫着答应了。

到了9月，这个少女回来的时候，我发现她变得更加轻松自如，脸上有了笑容。她说，假期过得很愉快，尤其是因为父亲去布列塔尼陪了她10天时间。他们之间进行了一番畅谈，虽然是她主动开口，但是父亲也在认真倾听，他对她的生活、朋友和学习都非常关心。朱莉娅感到，当她决定复读一年再读高二理科班时，父亲似乎非常高兴。她懂事地说，这年夏天她觉得自己长大了。关于她的男朋友，她觉得父母的话有道理：自己对他过于依赖。度假回来，她跟男朋友见了一面，告诉他，她需要更多自由。她与母亲的关系也改善了，不再像以前那样觉得父亲只听母亲的话。看到这些积极的信号，我建议朱莉娅在两个月后和父母一起来见我，除非这段时期出现新的困难。她同意了。

他们言而有信，两个月后我如期见到三人。他们异口同声地说，危机已经成为“过去”。朱莉娅的学习令人满意，她出去约会的时间少多了，尤其是与那个男孩，虽然她并没有挑明，但似乎疏远了他：“不管怎样，”她说，“我们现在不在一个班了，这是好事……”

这个故事证明，父亲对徘徊中的青春期少女来说有多么重要。在这个年龄，女孩子很容易左右摇摆。能够得到父亲的帮助，对于这个人生阶段的女孩来说是至关重要的。父亲的帮助需要心思细腻，因为要让女儿觉得她自己长大了，他给她的帮助又不让她感到过分窒息。所有父亲都应把握住女儿青春期的时机向她表明，她的某些想法能够得到接受和承认，只要她容忍别人——首先是母亲——表达各自的想法。

“我不是小毛孩了！”

青春期女孩通常不会直接表达希望获得承认的需求。有的女孩甚至嘲笑父亲对她们的关注，通过成绩的直线下降、令人忧虑的饮食问题、离家出走或突破能够容忍的限度，来表达她们所遭受的痛苦。她们不一定会把这些行为跟父女关系联系起来，然而……

路易丝正处于针对父母的逆反期，经过几个月的心理治疗，她抱怨父亲对新一代丝毫不理解，是个老古董。父亲养育女儿的方式有点像50年前他的姐妹们被养育的方式：禁止她在18岁前出门约会！“有时候我恨他，希望没有这个爸爸！他甚至不知道我现在多大。他有一天对我说：‘14岁的人不能像20岁的人那样做事……’那时候我都15岁了！

我甚至不知道，他是不是知道自己有个女儿……如果他不想要女儿，他就不该生啊。当我想到是他给我起了名字——这是他祖母的名字，你能想象吧……而且他自己的名字是路易！”路易丝叹口气，沉默良久，然后似乎更加深陷自己的困境而无法自拔。“说到底，我们两个，”她的语气平静多了，“比邦妮和克莱德[1]还糟糕……”我不明白她为什么拿美国著名的雌雄大盗来作比较。我说出这个想法，她回答："他们两人非常默契和相爱……哪怕是打家劫舍……”再次沉默后，她接着说，“你看，我知道自己太夸大其词了，不过我多么希望他能真正认识我，不再把我当作小毛孩……我小时候，他很喜欢我。母亲告诉我，当我出生的时候，他拿着一台特地买来的照相机拍了几十张照片。他甚至说那是他一生中最美好的一天……我打心底里知道他爱我，我甚至认为我跟他很像……小时候我简直是个假小子。放假的时候，在爷爷奶奶家，我跟他一起去钓鱼，跟我的表哥和伯伯一样亲密……”

在女孩身上发生的青春期危机，很多都暗含着不同程度的、或明或暗的、得到父亲承认的渴望，盼望父亲认可她们

1 邦妮和克莱德是美国大萧条时期著名的雌雄大盗，他们的故事后来被拍摄为电影。——译者注

即将成为的那个人。这一要求的最关键之处，并非仍然像小时候那样成为父母的爱、温存和关怀的对象。她们也并非期待父亲对她们完全放任，对她们恣肆自如的生活方式和出门约会的强烈渴望完全不加以限制——相反，女儿们想要一个能够安慰和保护她们的父亲。尽管她们并不总是承认，但是青春期女孩所需要的承认，完全在于让别人明白，她们已经走出童年，不再是当年的小女孩了。

○ 认同的榜样

不得不承认，父女关系的发展模式与父子关系有所区别。原因毫无疑问在于前者建立的基础不是对抗，而是承认身份的区别——具体表现为身体、感觉以及想法和意见的表达方式等方面的区别。在某种方式上，父女之间的关系更像母子之间。父女关系相对来说更加复杂，却同样强烈，为了构建孩子的自我人格，也需要在青春期斩断这种关系。因为只有这样，成长中的女儿才自我感觉获得许可，敢于肯定自己日渐浮现的女性身份，包括第一次有了男朋友，或是随着青春期发育感受到女性的隐秘。然而，尽管在青春期围绕两性问题重新调整了自己的位置，女儿仍然一如既往地认同父亲，向父亲主张或代表的价值观看齐，总之对他的部分人生轨迹亦步亦趋。

一般的心理学术语对模仿（imitation）和认同（identification）进行了细致区分："她模仿父亲"还是"她认同父亲"？认同不是简单的模仿，它涉及主体身上长期存在的一组特征。认同就是把外部事物据为己有，即部分地变成另一个人。在弗洛伊德的精神分析理论中，有关认同的思想是一个关键概念。他本人在一封给弗利斯[1]的信中提到一个例子："可以说，资产阶级家庭的少女通常会认同父亲讨好的女仆，这表明少女存在两方面不自觉的幻想，其一是希望得到父亲的欣赏和爱护，其二是希望成为父亲的奴仆。"这两种想法的重合造成她的妄想，这就是认同的结果。这种对父亲的认同，在女孩很小时候就建立起来了；不过到了青春期，她的身份感会发生重大转变，转而向母亲表示认同。

两个层次的认同

传统上把认同划分为两个层次：初级认同和次级认同。次级认同是渴望像他者一样，即"向他趋同"。因此女儿可能在艺术、体育和职业方面做出与父亲相同的选择：她愿意像父亲年轻时候一样弹吉他或拉小提琴；她愿意跟父亲一样打网球甚至踢足球；以父亲为榜样成为主持人、记者、医生

1 威廉·弗利斯（Wilhelm Fliess，1858—1928）是一名德国医生，弗洛伊德的好友。——译者注

或教师。然而初级认同所渴望的不是像他者一样，而是成为他者：相对于次级认同，初级认同直接而急迫，更加不成熟。在扮演父母的过家家游戏中，这两种认同类型都在起作用：小女孩扮演父亲，然而她有时候感觉自己真的是爸爸。在日常生活中，小女孩的行为表明她能够真正取代母亲的位置，也能够占据父亲的地位。例如，当小弟弟总是说不要不要的时候，或是哭闹着不肯吃蔬菜泥的时候，女孩可以完全如同父亲面对这种情况那样责备弟弟。不过她不仅是在模仿父亲，她可能觉得自己真的变成了父亲。虽然她自己没有意识到，但是这些行为让她表明，她就是父亲。

在初级认同中，我们发现了镜像关系：孩子发现自己在镜子中的形象，让它模仿自己，或者试图模仿它。通过自己笑来逗笑父亲，或者被父亲的笑和话语逗笑，在女儿和父亲的互动中，两人能够处在对称的位置上，构成了足以衍生出认同行为的母体。在与他人的互动中，孩子迫使他人实施自己的行为，以使自己成为他人并体验自己的能力。

像爸爸一样

对父亲的认同，即不自觉地获取他的态度和性格特征，从童年时期就发展起来了，但是进入青春期后孩子最终形成自己的人格。在这一时期，女儿将努力寻找自己认同的榜样。有的榜样是童年时期的延伸——也就是父母；有的则显然来自家庭之外。

17岁的诺艾米向我讲述她父亲的家庭。她对职业历史学家的父亲有一种说不清楚的感情。据她描述，父亲是个敏感而有教养的人，她觉得自己跟父亲兴趣相投，不过父亲只关心他自己："只有我提到他感兴趣的话题，他才发现我的存在。其他时候他对我视而不见。"虽然如此，诺艾米今后也想成为历史学家。"这是家庭的影响，"她淡然地说，"没办法，我继承父亲的远远多于继承母亲的……"话说到这里，她告诉我，家族中有位先辈曾经通过联姻成为俄国皇室成员。她显然对此十分自豪，并认为自己对文化尤其是法国文化的兴趣来源于家族的这一脉血统。显而易见，诺艾米有力地吸收了父系血统的优点。

伊丽丝则恰恰相反。她很像母亲，父亲并不否认她。他常常拿她打趣："你真像你妈妈，不过更糟糕……"伊丽丝觉得跟母亲很亲近，有说不完的话；母女两人有很多共同爱好；她们都心直口快，喜爱社交。虽然伊丽丝很爱父亲，而且觉得他很有趣，不过她承认，父亲有时候让她感到难堪，比如说他会在吃饭时起身离开，去读报纸或看电视，明显表明他对她们讨论的话题不感兴趣。不过伊丽丝知道她也很像父亲，而且对此很自豪。事实上，她发现自己也具有隔绝世人独自思考的能力，同样热爱大自然和动物，对俗世的名利不屑一顾——这些毫无疑问是父亲传给她的优点。像伊丽丝这样，女孩可能跟母亲更亲近，吸收母亲的某些特点，同时也不会排斥任何跟父亲的相似之处。通常只有等到孩子青春期结束的时候，甚至成年以后，她才能坦然而又毫无怨怼甚至骄傲地承认和接受自己跟父母一方或两人有着性格上的相似之处。

○ 找到恰当的距离

找到与女儿之间的恰当距离，特别是在女儿青春期的时候，能够解决父母的一个关键问题，即给女儿一个独立的空间，因为女儿自主性的问题并不仅和母亲有关系。父亲甚至要特别警惕避开两大危险：一是“过度热情”而必然被当作越界；二是“过于慎重”而可能被视为不管不顾。

14岁的索菲跟母亲一起到母亲的朋友家度假；父亲因为工作关系过段时间才与她们会合。她是个相对沉稳的青春期少女。她对主人家的小孩子们非常照顾，有时候让人觉得她爱跟小孩子们一起玩，仿佛她自己还没有长大。她以典型的少女的兴趣和态度来待人接物：例如在早上，她花很长时间待在盥洗室，然后去海滩或村里的咖啡馆，那里是与她同龄的男孩子们时常光顾的；她穿紧身T恤和超短裙，尽量打扮得漂漂亮亮，却不显得过于挑逗。一天晚上，在大家都很轻松的氛围中，她感到与母亲的朋友，尤其是孩子们的父亲已经互相信赖了，因为她已经认识他很多年，于是鼓起勇气问道："弗朗西斯，告诉我，男人更喜欢胸部丰满的女人还是乳房娇小的女人？"弗朗西斯感到十分尴尬，他想了想答道："我更觉得男人喜欢美丽的胸部……"向我讲述这件小事的时候，弗朗西斯也加上两句他自己的评语："看到索菲，特别是在那个晚上，我明白什么是'真正'的青春期少女：她们忽而是小孩子，忽而又是个真正的小女人……我想她永远不敢问父亲这个问题，不过这个问题萦绕在她心头已久，她迟早要说出来，而我扮演了这个属于她父亲的角色。"

这个故事显示了青春期少女陷入了何种窘境：她们需要父亲的意见和建议，却无法直接向他提出私密的问题。因为在这个年龄段，父亲需要保持一定距离，这是必要的，他对女儿的爱意、支持、承认和欣赏，相比其他任何时候都更加需要把性的色彩剥除干净。人们倾向于完全掩饰父女关系的这一维度——然而它实实在在地存在：人类的任何关系中都有完全正常且无需大惊小怪的性的成分，包括父女之间的关系。然而，因为青春期的女儿正在成熟的过程中变为女人，父女关系中具有性色彩的想法和情绪必须得到完全的疏导，并且把源于父亲方面的影响抑制到最低程度。

父亲与女儿之间的恰当距离，绝不能仅仅停留在外在行为和言语的肤浅层面。有时候，因为工作关系或夫妻关系破裂，父亲与女儿之间有着遥远的地理距离，不过在感情和心理上却非常亲近。反之，生活在同一屋檐下的父亲和女儿，尽管低头不见抬头见，却很可能关系疏远、感情冷淡，与两个人在地理上的距离成反比。这一怪象的产生原因是，女儿与父亲的关系涉及真正相知的两个人，不过这一关系存在于三个层次上：代际和性别的差异所造成的象征性烙印，把两人置于一定文化背景中的社会烙印，以及幻觉或想象的烙印，无论在好的还是坏的方面其影响都超越前两者。一方面置身于象征性和社会性的基准之间，另一方面则有着游离的想象，父女两人要在错综复杂的差异中找到自己的定位。幸福的、或者说是尽可能幸福的父女关系所需要的恰当距离就存在其中。归根结底，当女儿走出青春期的时候，父亲应该懂得如何帮助她拥有足以凭借自身力量的能力克服困难，向她发放“女性世界的通行证”，而她要拿着这本“通行证”成长为女人，进入新的世界。

女人与父亲

良好的父女关系不会止步于青春期。如果在童年和青春期以爱和尊敬来建立父女关系，那么女儿在成长为女人后，能够寻找生命中的男人，这个人能够理解她、支持她，在必要时保护她，并且尊敬和爱着真实的她。因为，父亲已向她展示了这些品质并且向她证明，她不仅可以期望男人拥有这些优良品质，而且有权利拥有如此期待。在这些条件下，通常可以看到，选择伴侣并不影响女儿和父亲的亲密关系。

○ 互相引以为傲

前文曾经提到，简·方达与父亲的关系中存在着一种矛盾心理。从她的书里可以看到，虽然她对父亲提出尖锐的批评，不过她一直对父亲的责任担当、英俊潇洒、优雅审慎和个人能力深深自豪："我父亲当过童子军，责任感镌刻在他的基因里。不幸的是他让我们领教了他的责任感……我父亲英俊出众，优雅慎重……作为同一届学员中的优等生，爸爸成为空军情报处的军官……像其他很多人一样，战争改变了他。我相信父亲生活在这个纯粹男性化的环境中，有着自己要完成的使命，这才是他的真正使命，而不是成为荧幕上的英雄。"

自豪感是永不枯竭的振奋剂。女人凭借父亲对她的自豪，足以找到克服畏惧、担忧和生活中困难的力量。她既从父亲的自豪中受益，也让父亲得以为她自豪。渴望父亲以自己为傲，这种想法激励她取得事业、感情和家庭上的成功。青年女作家法伊扎·盖内（Faïza Guène）在首部小说走红后，接受记者采访时表示："我更愿意保持低调……我当然喜欢挣钱，不过只是为了能够买一辆车给我父母坐。我的父亲已经75岁了。他从奥兰[1]来到法国打工，从来没有拿到过驾照。所以我很愿意给他买一部车……不过我很清楚卖书并不会让我成为一个好人。如果说我有什么人生野心，那就是成为一个好人。"[2]

人们或许会反驳，这种态度只不过是自恋的低级表现，不值得称赞。持这种看法的人其实忘记了，适度自恋是人生的正常现象，每个人都需要自恋才能生活下去，它是自尊自信的源泉。当这种"生活的自恋"投射到他人身上，同样是一种带着幸福传播的生命力。最好的证明是反面证据：如果父女之间不存在互相的自豪，痛苦和忧伤就会占据相应位置。

1 奥兰（Oran）是阿尔及利亚北部海港城市。——译者注
2 Silber A., «Une journée avec Faïza Guène», interview parue dans le journal *Elle*, 28 août 2006.

事实上，在女儿们还很小的时候，她们从对父亲的自豪中感到极大幸福。当她们向朋友展示照片而且听到赞赏时，心里是幸福的：“太帅了！这是你父亲？”当她们确定父亲是聪明、有教养、能干和有办法的时候，她们心中洋溢着幸福感。当父亲登上他所在公司的报纸或他为之奋斗的协会的业务通讯上时，她们心里是幸福的。当父亲展现出勇气、诚实和慷慨时，她们深感骄傲。等她们稍大一点的时候——哪怕她们不怎么流露出骄傲感，反而表现出更多的距离感或是一成不变地表达反对意见——这一自豪感仍然深埋在心里。同样出于这一原因，女儿很难原谅不符期望、让她感到失望的父亲。

我在执业生涯的观察中发现，女儿对父亲的骄傲毫无疑问是让人印象最深刻的特征之一。通常来说，这份骄傲是双向的，父亲也对女儿拥有无限的骄傲。他们并不能总是顺畅地表达出来，不过当别人夸女儿聪明漂亮的时候，他们会喜不自胜，具体可参考父亲在女儿婚礼上的笑脸。当然，那是特殊的日子、特别幸福的时刻，不过他的脸上确实洋溢着让所有人都看得一清二楚的幸福和自豪。孩子出生是另一个分享自豪的日子，首先不用说这是一种在做了父母的夫妻之间的分享，同时也是成为母亲的女儿和成为外公的父亲之间的分享。

女儿乐于感受对父亲的双重自豪：她喜欢为他感到骄傲，同时也喜欢父亲为她而骄傲。从年纪幼小的时候起，她终其一生都会怀有这种想法，不过长大成人后的她拥有了另一个男人：丈夫、伴侣或男朋友，她要给他留出位置。女人和父亲要小心他们可能给这个男人造成的不快和嫉妒，因为父女之间的关系无比亲密：父女之间的互相引以为傲可能会伤及这个男人的自尊。男人们总是时刻准备迎接竞争。这是他们的天性，多说无益……

○ **永远不变的支持**

还有一件事不会改变：女人们一生都期望，在她们身处困境时，父亲能够坚定地关怀女儿；在她们自己惹出事端时，父亲能够平静地理解女儿。卡米耶的故事可以让我们更好地理解她们的想法。

卡米耶和丈夫遇到了生活中的危机期。这对夫妇有三个孩子：两个女孩和一个男孩。孩子们基本上都“很出色”，除了遭遇青春期危机的大女儿让他们稍感操心。一段时间以来，这个雷厉风行、精力充沛的四十来岁的女人对自己的婚姻失去信心：她认为紧张、冲突和分歧的原因出在丈夫身上。她决定，在做任何决定之前首先告诉她唯一信赖的人——父亲。她知道父亲是个好顾问——虽然父亲挺欣赏她丈夫，不过他仍然会提出有道理的见解并且对她表示支持。过了一段时间，我再次见到她：她的猜测得到了证实。父亲并没有表明自己的立场。他没有对女婿做出负面评价，也没有指责女儿有时候过于挑剔，总是希望任何事情都顺顺利利；他只是对女儿说："如果你爱你的丈夫，就跟他在一起，否则就离开他。我知道你即将做出的选择对你自己来说是合适的，也符合你内心的感受。"卡米耶告诉我，她当时想到，既然人生不可能一帆风顺，而最重要的是爱自己身边的人，即使遇到麻烦和冲突也始终不渝，更要在困难时期依然互相支持："我母亲就在我父亲身上发现这些道理，我也是。我没有理由不以同样的方式对待丈夫。"亲眼所见的父母关系和父亲的"责任感"帮助卡米耶度过夫妻之间的危机：她获得了期望中的父亲的支持。

○ 能够爱一个不同的男人

"只有比她更加聪慧、成功和拥有更丰富阅历的男人才能让她动心……"传记作家玛戈·彼得斯（Margot Peters）如此评论夏洛特·勃朗特（Charlotte Brontë）。是不是凭着这句话所揭露的自傲——或是因为她自许的这些优点，在她内心潜意识中认为并不属于自己，而是属于她的父亲——因此这位英国数一数二的女作家绝不承认她选择的男人比她更加优秀？同样正如美国的一项研究表明[1]，女人是不是因为与父亲的关系，才能够一眼就分辨出哪些男人会成为好父亲？至于这个话题，我想起一位同行的话。他曾经公开表示，离婚是第一次婚姻最好的归宿，因为男孩总是在寻找母亲的形象，而女孩总是在寻找父亲的形象。这位同行认为，只有经过这种初次体验，才能开始自由地选择配偶。

某些女孩会选择酷似父亲的男人，对于这种现象存在多种解释。有人认为这是俄狄浦斯情结的余绪；还有人认为是潜意识中的乱伦幻想；更有人声称这是“天生的基因吸引”[2]。我认为，至少部分答案要从别的地方寻找。

我们并不是活在维多利亚时代，女性不再嫁给她们不爱的男人，也不必为了结婚而不惜代价。自由意志和自由选择肯定是进步的标志。然而，随之而来对婚姻不满和离婚的女性日益增多，这一事实无可回避。同时，对于想象中的、童年时期的完美父亲，女人们迷恋他的爱和温柔，这也是无须辩驳的。我觉得，对比这两个结论可以看到，仅仅得到父爱，不足以让女儿成长为少女或成熟女人。在这方面，父亲绝不可忽视另一项责任：允许女儿离开家庭，展翅高飞。

---

1 Maestripieri D., *Evolution of Communication*, Harvard University Press, 2003.

2 Vincent L., *Comment devient-on amoureux ?*, Paris, Odile Jacob, 2004.

○ 摆脱父亲的形象

30岁的安娜正在经历一段困难时期。两年来，她与一个叫阿德里安的年龄相仿的年轻人同居。她第一次爱上这种类型的年轻人。此前，她总是被不靠谱的年轻人所吸引，尽管这些人并不是没有能力，但都是学业失败，也无法成家立业。阿德里安毕业于法国国家行政学院，他为人严肃稳重，十分聪明，让她感到很放心。然而，安娜从前的心魔渐渐重新浮现。她在一次晚宴上遇到了前男友樊尚——她曾经深爱他，后来又甩了他，因为他无所事事，靠父母生活，只知道吸大麻烟卷。她心里产生不可遏止的再去见他的想法，并在接下来的那个周末付诸行动。恰好阿德里安因为工作原因不在家，两人便重新发生了私情。安娜有一种负罪感，她和阿德里安在一起越来越不舒服，尽管并没有什么能够指责他的。某天，父亲意外得知她又开始暗中和樊尚约会，于是对她说："不要再做错事了，也别重蹈我年轻时的覆辙。"

向我讲述这件事后，安娜接着告诉我，父亲说过的另一句让她印象深刻的话。那是在几年前，恰逢她毕业考试的时候，父亲对她说："如果考试成功，你将来就能到我的建筑师事务所帮忙……"似乎是随口而出的一句话，不过，这让安娜知道父亲很爱她。她也一直和父亲很亲密，有时甚至过分亲密了。如今她终于明白，自己当年把这句话理解为父亲希望她永远不离开他，一辈子和他在一起。她也意识到，自己选择那些毫无未来的男朋友，并不是毫无意义的。不过因为阿德里安的优越条件，他成为第一个能赋予她希望的男人，让她期待拥有自己的人生，因为他和她的父亲是如此不同；他也是第一个可能切断她与父亲之间联系的男人。然而，她到底怎样才能爱上一个父亲之外的男人，是选择那些不成熟的男孩，还是选择一个迫使她在真实以及象征意义上与父亲分离的男人？

从安娜的故事中，可以看到女儿与父亲之间关系的构建不仅贯穿她的整个童年和青春期，而且远远超越这一时期。随着岁月流逝和年龄渐长，父女关系越来越复杂：童年的爱仍然留着深深的烙印；而在青春期，父女之间的爱发生演变，产生了对于矜持、承认和独立的新需求，最终映射出女儿希望在自由意志的支配下获得女性身份的渴求，她只有秉承自由的意志才能交往其他男性。归根到底，听取了这么多女孩和女人向我讲述她们与父亲的关系，我觉得出于好意务必告诉她们，为了幸福她们必须向父亲说出这番话：“我爱你，不过请你让我独自摆脱困境，而且在妈妈的协助下向我发放‘女性世界的通行证’。”

第三章

从不幸的话语到难忍的痛苦

我遇到不少女孩向我讲述幸福的父女关系，同样也遇到很多女孩告诉我与父亲关系中的心酸、愤怒和悲伤。父亲能让女儿变得不幸，这是不容置疑的。我们看到，最直接的影响——虽然并非不可避免——是女儿很难从男性那里获得爱情。

女儿与父亲之间的“正常”关系免不了暂时存在的问题和困难，这是事实，不过我即将探讨的是父女关系中真正造成的深刻痛苦。有些情况可能显得不合逻辑，比如父亲对女儿过分的爱；有些情况容易理解，比如父亲的缺失或过早离开女儿，或是在持续时间长短及激烈程度不一的冲突中，父亲拒绝与女儿和解；最后，还有些父亲的行为让人无法接受，在极端的情况下，父亲对女儿进行身体上的虐待或是性侵犯。

不合逻辑的痛苦：父亲过于溺爱女儿

父亲如果把女儿置于比生命中其他女人都重要得多的地位之上，那他对女儿的爱就过分了。人们是否能接受这一悖论——父亲对女儿的爱如果过分，可能让女儿变得不幸？我对此是相信的。

○ 令人窒息的爱

路易–普罗斯珀·克洛岱尔是才华横溢又命运多舛的卡米耶·克洛岱尔[1]的父亲，他曾经在女儿耳边说："你是我的小女巫。"这难道不是与爱女过于亲昵[2]？巴尔扎克小说里过于热心和慷慨的高老头难道不是父爱泛滥？父亲可能无意间阻挠了女儿走向独立，使她无法摆脱对于父爱的自始至终的潜在负罪感，从而妨碍她肯定自己的观点或形成反抗意识。虽然并非出自本意，然而这类父亲侵犯了代际间的必要差异，并在无意中造成一种压迫感。我曾多次从女性口中听到这句话："我父亲怕极了我会不爱他。"某些父亲确实对于失去父女间的部分温柔表现得过于恐惧。因此他们笨手笨脚地准备不惜一切来讨好女儿。

1 卡米耶·克洛岱尔（Camille Claudel，1864—1943）是法国女雕塑家和画家，著名雕塑家奥古斯特·罗丹的情人。

2 Delbée A., *Une femme*, Paris, Presses de la Renaissance, 1982.

过于溺爱的父亲可能导致女儿的不幸，让她心生愧疚，并且可能加速女儿的主动疏远。因此，父亲可能怀有更多不明智的期望，并对女儿的冷淡和忘恩负义有更加深切的抱怨。当女儿在逃避过于强烈的父爱时，往往会以应激反应甚至敌视行为来表现自己的焦虑，她觉得自己必须采取有敌意的行动才能与父亲保持距离，因此产生了对双方都不利的恶性循环。

○ 惯出来的无法无天

父亲狂热地爱着女儿，可能反而在女儿身上惯出一种无法无天的毛病，导致她提出过多要求，变得令人不快。15岁的奥里莉亚在母亲的陪伴下来找我。她们前来咨询的表面理由是母女间的深刻不合和不断争吵。奥里莉亚指责母亲总是对她不闻不问，不关心她的学习成绩，不许她见朋友，尤其觉得她最近交的男朋友对她影响很坏。奥里莉亚的母亲则为自己的观点辩护。她认为奥里莉亚的行事与她的实际年龄相比显得过于成熟，对家里丝毫不负责任，简直“像个女王”，一点也不帮忙，总之是个“让人讨厌的女孩”。

随着谈话的进行，她们越说越气。我好不容易才插上话，但每次试图这样做的时候我都觉得自己越弄越糟，反而事与愿违——她们重新爆发不合甚至争吵的时候都更加激烈。不过我抓住时机提出了一个问题:“奥里莉亚，你的父亲，也就是夫人你的丈夫是怎么看待这一切的?”奥里莉亚的母亲答道，女儿认为自己是父亲的小公主，这一切全都是她父亲造成的。她开始连声谴责丈夫。她对丈夫严厉而气愤的批评，似乎突然让母女二人得到了共鸣。奥里莉亚插话补充道:“哎呀就是的！说到底，他爱我爱得过头了，却总是不着家。”我建议奥里莉亚和她母亲进行第二次咨询，这次把家里的男人一起带来。她们再次异口同声地说这件事不好办。两次爽约之后，我终于见到了奥里莉亚一家三口。父亲给我的印象十分模糊，但他的某些态度和话语让我感觉他与女儿非常亲近。比如，他说女儿有时候会发脾气，甚至对母亲很不客气:“她说话很没有分寸。”并且多次把这句话当作借口:“青春期就是这样！”奥里莉亚露出冷笑，我看不出来她到底是在报复母亲，对于自己赢得与母亲之间的争执而感到开心，还是在嘲讽她面前处于劣势的父亲。

我第一次与奥里莉亚和她母亲见面时，有一个细节让我十分讶异:这个少女戴着一顶漂亮的黑丝绒鸭舌帽，虽然让她显得有些俏皮，却增添了不可否认的女性魅力。第二次见面时，奥里莉亚戴着同一顶帽子。我按照谈话的习惯，询问父亲所从事的职业。听说他从事的工作需要经常戴帽子，这真是让我感到惊讶！我忍不住转来转去看两个人，望着奥里莉亚的帽子，笑着对他们说："你们似乎有很多共同点。"这一次，奥里莉亚爽朗地笑起来。父亲似乎没弄明白我的暗示，母亲却明白了，插话道："你看，我和你说过，他们两个是'国王'和'公主'……"我内心觉得"国王"不怎么聪明，因为"公主"似乎操纵着父女关系。这位父亲无法平息母女间的争执，甚至可以说，这些争执在无意中对他有利，因为这避免了他与妻子发生直接冲突。机制已经建立起来，只要三个参与者理解这一机制，三个人就能找到各自的位置，把不满撒在他们真正想针对的人身上，并促进事情的解决。

女儿当然希望获得父爱，她们通常能得偿所愿，但是她们的行为像孩子一样直爽和袒露无遗；父亲是成年人，但他可能放任自己受到"过多"诱惑，或是因为他自己有强烈的感情需求，或是因为一种反常的冲动使他无视孩子和成人之间的差异。从温柔的话语发展到爱恋的话语，可能引发危险的暧昧。即使到不了这么严重的程度，父亲也可能过于溺爱女儿，并不是因为他有某种性意味的暧昧感，仅仅是因为他只有女儿，只有女儿能满足他被爱的需要。

痛苦却可以理解的关系

本节所探讨的是这样的父女关系——悲伤的客观处境所造成的痛苦关系。

○ 缺失的父亲

希薇·泰丝特（Sylvie Testud）[1]在小说《小女孩们》中讲述了父亲的消失，他离家出走，抛弃了她的母亲。而她保存着父亲的一丁点儿痕迹："我把他的照片放在牛仔裤口袋里，把它在屁股下面压了30年……我没有父亲，不过，去他的吧，就是这样。"这种故作坚强的姿态并不常见。通常情况下，女儿会对父亲不在身边感到非常气愤，或是因为他很早就从她的生活中消失，或是因为小时候他常常不陪在她身边。奥尔唐斯的父亲就是这样。她会以出乎意料的方式表达愤怒情绪，甚至让自己也感到吃惊。

奥尔唐斯向我讲述了她记忆深刻的一件事。小时候，她父亲有3年时间在国外工作，很少回法国。3年后他终于与家人团聚。她清楚记得自己当时10岁，父亲回来那天闹得很不愉快。她大发脾气到让人无法忍受，她说，以至于最后终于挨了父亲一巴掌。父亲回家这件事本该让她感到高兴，

1 Testud S., *Gamines*, Paris, Fayard, 2006.

却给她留下了糟糕的回忆。这导致她在年轻的时候一直对父亲充满怨恨。

○“永远缅怀”[1]的父亲

如今，在大多数情况下，父亲的过世发生在孩子——这里指女儿——已经成家立业以后。在当今社会，父亲的去世越来越晚。这一变化毫无疑问会减轻丧父之痛。当然悲伤总是免不了的。不过在各种情形中——儿子的母亲或父亲过世，女儿的母亲或父亲过世——考虑到每个人故事的特殊性，经验告诉我，女儿失去父亲是最痛苦的。

父亲过世之时的巨大悲痛，并不一定说明父亲和女儿之间关系很好，没有任何冲突，或女儿对父亲毫无指摘。父亲的离去似乎是追忆一切眷恋的时刻，无论两人的关系是好是坏。父亲逝世的影响可能会导致某些女性对夫妻生活和家庭生活感到力不从心，也可能使得她们在工作中注意力不足、不够投入和没有耐心。有的女人可能会在几个月内都感到十分苦恼，甚至有人会陷入“轻微”的抑郁，尽管这种情况非常罕见。幸运的是，除非父亲过早过世，悲伤会慢慢抚平。

---

1 Goscinny A., *Le Père éternel*, Paris, Grasset, 2006.

过早的离世

父亲过早离世的情况值得特别注意。戴安娜·米德尔布鲁克（Diane Middlebrook）曾撰写过西尔维娅·普拉斯（Sylvia Plath）和特德·休斯（Ted Hughes）这对美国传奇文学夫妇的传记，两人分别是作家和诗人，他们经历了一段充满幸福和悲伤的婚姻。1963年，特德•休斯离开西尔维娅·普拉斯，后者打开煤气自杀，当时她只有31岁。戴安娜·米德尔布鲁克说，西尔维娅早在此前很久就"已经死了"[1]。她长相英俊的父亲奥托·普拉斯从但泽移居美国后，在她8岁时因严重的糖尿病去世。后来她不停向亲爱的爸爸寻求帮助："父亲，父亲，安慰我吧！"她在心理诊所哽咽地叫喊——从青春期开始，她就因为抑郁症和自杀倾向而经常前往心理诊所。她是个漂亮的女孩，性格反叛而且颇有自己的想法，似乎不得不永远在写作和死亡之间做出选择。

1984年，特德·休斯获得"桂冠诗人"称号（这是一项终身荣誉，获得者同时被接纳为英国皇家学会成员）时表示："普拉斯永不消减的活力对我的生命造成了主要影响。"[2]

---

1 Middlebrook D., *Son mari. Ted Hughes et Sylvia Plath, histoire d' un mariage* (由 Valérie Rousseau 译自英文), Paris, Phébus, 2006.

2 Rapporté par Jean-Luc Douin, *Le Monde*, 23 juin 2006.

但若不是过早的丧父之痛所造成的绝望，她的能量又从何而来？

作家和记者西比勒·贝德福（Sibylle Bedford，她曾经报道多次重大庭审，其中有对谋杀约翰·肯尼迪的嫌犯杰克·鲁比的庭审）在7岁时丧父。失去父亲对她的影响，除了在写作上的兴趣外，与上文提到的西尔维娅·普拉斯并不一样。在关于她的传记《流沙》一书中，若西阿娜·萨维尼奥（Josyane Savigneau）写道："作为奢华的流浪者、彻底的欧洲主义者、通晓多种语言的世界主义者和旅行家，她总是对年龄比她大的人士感兴趣：'在友谊和爱情中，我总是寻找年龄较大的人。'烦恼的是，随着年岁增长，她再也找不到符合自己癖好的人。"[1]为何不把她喜欢年长者与丧父之痛联系起来呢？她的生父是个德国贵族，而与她的意大利裔母亲门当户对的英国继父永远也没能取代他的位置。

回弹与共鸣

由于小女孩与父亲之间关系的重要性，父亲的离世会对她形成严重创伤，不过，尤其是得益于鲍里斯·西吕尔尼克(Boris Cyrulnik)[2]的研究，我们认识到回弹与共鸣因素的存

1 Savigneau J., «Une dernière visite à Sybille Bedford», *Le Monde*, 23 juin 2006.
2 Cyrulnik B., *De chair et d' âme*, Paris, Odile Jacob, 2006.

在。前者能使人摆脱早年的创伤，后者则表明伤痕永远不会消失。

波利娜是个让人很有好感的少女，她刚刚进入职场的时候来找我咨询，因为她觉得自己无法面对成年人的生活挑战：如快乐地从事稳定的工作，与某个男孩保持长期关系等。我第一次见她时，以为她年龄还不大，因为她的衣着打扮就像个青春期的少女。我并未向她提出这一点，不过在初次谈话时，她便主动把自己的故事娓娓道来，似乎是为了卸下某种负担，这倒也没让我感到吃惊。她的父亲在她8岁时因为癌症去世，她还时常想起他。她甚至维持着这些想法，使自己不要忘记父亲："这是我的秘密。"她还希望母亲不知道她看心理医生："我担心，她会觉得父亲去世后没能对我尽到责任。我向你讲的事情都是个人隐私。我爱母亲，不过我不想让她知道我的所有想法，不然就有点儿像她在我一丝不挂时闯进浴室那么尴尬了。"

波利娜和弟弟是母亲一手抚养长大的，她认为弟弟更加勇敢。她的学业不比弟弟差，而且也不怎么辛苦。在青春期，她虽然跟母亲保持亲近，却承认自己的行为很有挑衅性，而且常常跟母亲对着干。她现在认为，原因肯定在于她很崇拜母亲的勇气，而自己因为无法像她那样勇敢而感到愧疚。她很喜欢交往同龄人，但因为无法维持深入的友谊而苦恼。为什么害怕更加亲密的关系？她是不是担心再次过早地中断关系？

她选择学习法律，希望像父亲一样成为律师。她留级两次，不过一点点地成功完成了学业，获得了一纸文凭。正是在这个时刻，她决定寻求帮助。她很快就意识到，自己渴望成功，自我感觉良好，这正是母亲对她的期待，同时也符合父亲可能对她抱有的希望。据她表示，她小时候时常感觉需要有人告诉她该如何去做。在这些时刻，她更加感到自己是多么想念父亲。正如波利娜一样，父亲过早去世会导致女儿在无意识中表现出一定的成长和自立的困难。

○ 当他不愿和解

没有人能否认，父女关系中免不了争吵、冲突，乃至有时发生决裂。甚至在某些情况下十分过火。然而在大部分时候，无论此前发生过什么问题，女儿迟早都希望与父亲实现和解。不幸的是父亲并不总是抱有这样的想法，或许是他受伤过深，或许是因为他过于失望，又或者是过于自负和顽固。

“我没有服从父亲的意愿”

玛丽的父亲是花店老板。多年来他收购了多家店面。他希望孩子们长大后到店里做事，帮他发展店面。玛丽的两个兄弟都遵从父命中断了学业，但玛丽却拒绝了。她深爱文学，希望成为一名教师。她个性倔强而刚毅，敢与父亲作对，结果几乎与他闹翻。她最终得偿所愿：现在她做了教师，很享受这个职业。不过她感觉父亲一直对女儿耿耿于怀，因为她不愿屈从他的意愿。她多次试图与父亲重归于好，父亲却总是疏远她。她感到父亲不会对她改变态度了。玛丽的父亲并没有与女儿进行公开对抗，然而他给予她一种恐惧，让她害怕父亲永远也不会因为她对独立自主的追求而原谅她，尽管她的做法是可以理解的。

尽管已经尽力了……

萨拉的故事有所不同，而且情形更严重。她与父亲的战争起因于她嫁给一个父亲绝对无法接受的年轻人。她承认自己在这件事上确实有点挑衅的想法，尽管如此她仍然无法理解，多年来父亲不像她所希望的那样愿对两人的争执释怀。她甚至迫使丈夫从事能够取悦于她父亲的职业，不过毫无用处。她对此感到痛苦，觉得自己被互相矛盾的想法折磨着：离开所爱的丈夫以平息固执父亲的怒火，或是与父亲完全断绝关系。

玛丽和萨拉的故事不同，但影响是一样的：尽管她们付出一切努力，但是父亲似乎永远不愿跟她们重归于好。如果父亲不愿意和解，能怎么办呢？痛苦的女儿应该死心，放弃和解的想法并对父亲敬而远之，还是应该继续幻想时间会抹去这一切，仍然顽固地向父亲表达渴望获得温柔和眷恋的想法？因为每个人的经历和处境不同，肯定没有统一答案。然而有一件事是确定无疑的：女儿永远不会后悔向父亲迈出第一步，无论父亲有多么抵触。接下来就轮到父亲承担起主动和开放的责任，或者画地为牢作茧自缚。

引发神经症的父女关系

引发神经症的父女关系比上文刚刚提到的那种关系要隐蔽得多。这种关系总是发生某种痛苦的一部分原因，而且遭受痛苦者无法马上理解这一原因。在此，我建议要学会分辨两种类型的冲突情况，它们在某种程度上是无法让人意识到的：一种是主要问题直接存在于父亲和女儿之间，另一种是存在于父亲、母亲和女儿之间。

○ 父亲的过重心理负担

职业经验告诉我，父亲可能倾向于建立三种可能造成痛苦结果的父女关系模式：“严格意义上的超我”企图、“投射”企图和“退避”企图。有的父亲可能还存在某种“色情”企图，它不仅仅让女儿感到痛苦，甚至会毁掉女儿，我会在后文探讨这种企图。

“严格意义上的超我”企图所涉及的父亲们，与女儿的主要交流就是通常以技术性词汇向她们解释她们应该学习什么、应该说什么和不能说什么、应该做什么和不能做什么、应该结识谁以及不能和谁交往，诸如此类。我们将其称为严格的“超我”关系，因为这种关系中没有留余地给其他更加直观和情绪化的交流。严格教育的企图通常伴随一种模范化的企图：“要像我这样做……我们那时候……我父母教育我……如果你想成功……”孩子——这里指女儿——若是心思敏感，为了获得父爱，会把这些建议看作无权逃避的强制命令。她因此面临内心的冲突，强烈地影响着她的生活：“我渴望自由，不过，如果我不取悦父亲，他就不会再爱我了。”

投射企图与前一种企图不同，但是结果相似。它是指父亲希望女儿成为他自己无法成为的人或实现他无法实现的事业。不再是“像我这样做”，而是“做我无法做的”。把完美理想寄托在女儿身上，是这种父女关系的主要和持续驱动力。事实上，这一投射企图的结果与严格的超我企图相近，因为它几乎没有给孩子的个性化、自由成长和接受其他典范及相识者的影响留下空间。

退避企图存在于受到色情或侵犯冲动支配的父亲身上，他们几乎逃避一切与女儿的接触，以防暴露自己的弱点。他们可能出于在心理上自我保护的目的而显得十分疏远，甚至对父亲的职责漠不关心。

父亲三种类型的企图造成女儿三种类型的情绪：永远不满足于所获得的称赞，永远不满足于自身的完美，以及认为自己对父亲而言永远不够重要。

为了获得尊重……而不顾一切

女儿总是为自己达不到父亲的期望而感到失望，然而父亲的过分期望会造成问题。有位心理医生讲述过某个患者的故事[1]，这位患者小时候与父亲一起做作业。他父亲极易生气，最后往往打她一顿屁股。由于她显然对父亲的讲解感到拒绝和抵触，也被父亲吓坏了，于是她常常得到很差的成绩。因此可以理解她后来把父亲归类到专横霸道的那一类人。成年后，她显示出一种特殊的障碍：她经常对其他人说出某个字眼，却无法让人理解是什么意思。父亲永远不该忘记：无论表面上如何，女儿始终会尽力符合父亲的要求。如果她感到无法做到，那么脑中会经常浮现这个关键句："我

1 Brun D., *La Maternité et le Féminin*, Paris, Denoël, 1990.

永远也做不到。”这句话有可能伴随她的一生，出现在所有活动中。

不过，达不到父亲的期望可能导致另一种情绪：怨恨。因为严格的超我企图可能导致女儿产生父亲不尊重她的痛苦感。我已经强调过女儿多么需要父亲的尊重。然而很不幸的是，父亲们并不总是恪守这一态度。他们可能无意甚至有意地——这更加严重——透出某种眼神、说出某句话或进行某种评论，他们自己并没有当回事，却给孩子留下无法磨灭的记忆，无论她是正处于青春期还是业已成年。缺乏尊重可能涉及生活的各个方面，但主要或远或近地涉及女性方面。一而再再而三的大男子主义态度和言论，在一定年龄段的女儿听来是父亲对她的人身攻击。显然如果这些一再重复的态度言语直接针对她，将会更加难以接受。让女儿最感到痛苦的，莫过于带有性色彩的态度言论了。像所有女性一样，不过因为她的相关经验少而且出口伤人的正是她的父亲，因此女儿会有一种被父亲当作玩物的感觉。

不惜一切代价成为他未能成为的人

面对抱有投射企图的父亲，女儿可能因为永远无法足够完美而感到痛苦。父亲与母亲一样，可能期待女儿成为他所无法成为的那个人，拥有他所无法拥有的一切，做到他所无法做到的一切。父母把自己的完美理想寄托到孩子身上，这是完全正常的。父母借此把他们对于生活的欲望和期待传递给孩子，这些欲望和期待就是他们活着的理由，也是他们自我实现的目标。这就是心理学上所说的“自我的典范”，孩子的人格构建有赖于此。在人类心理学领域，任何事物都要有一定的限度，这件事也不例外。因此务必要分辨，究竟是父母寄托形成的“自我的典范”，还是导致自我膨胀或自大狂的“完美自我”。拥有“完美自我”想法的人，不会再持着得之我幸的心理准备来尽力达到目标，因为“完美自我”不是欲望、幻想，而是绝对和强制性的现实，它会导致不可一世和狂妄自大的想法。

这种完美自我可能源于父母或多或少有意的蛮横压力。父亲很有可能对女儿施加这样的压力。学习不够成功和优秀的父亲都期待女儿取得学业成功，女儿或许对这样的成功其实并无很深的期望，除非是经过特别辛苦的努力，然而这样的努力迟早将导致个人危机或父女关系危机。对自己的社会地位不够满意的父亲可能不惜代价促使女儿嫁入好人家，正是这个原因使得某位年轻女性告诉我：“我被迫对他说：‘将来选择我丈夫的人又不是你。’”

还有更严重的情况，我曾经看到有些女孩表现出神经性厌食症（这种病症的起因仍然几乎不为人知）的症状，其中有些人与父亲的关系显然非常特殊，因为这些父亲非常苛刻和不切实际。有的女孩把自己的身体当作自身不完美的痛点。她们并不晓得，以妄想中的身体某部分不够完美为借口，她们的完美瘦身目标和不择手段的饮食控制，只不过是父亲把对于完美外表的欲望投射于她们身上，造成了无意识和内化的实现，如果父女关系表面上还不错，那就更是如此了。其中有个女孩曾经告诉我，在心理治疗期间，她做了一个颇有暗示性的梦："我在伦敦与父亲一起散步。人们望着他说：'如果他瘦下来30公斤，该是多么英俊的一个男子啊！'确实，我总是觉得父亲太胖了，而且经常听他说：'我尤其不希望你像我这样，我真盼着自己能瘦下来。'我总是觉得，父亲看到身材苗条的女人就走不动路了……在我的梦境里，与父亲一起散步的突然不是我了，而是换成超模凯特·莫斯（Kate Moss），我知道她患有厌食症或者是曾经得过厌食症。他们在一起看起来很开心。我不理解，因为我真的不想像她那样。"不需要冗长的解析就能发现这个梦里隐藏的愿望：女儿迫使自己成为父亲期望的完美形象，父亲也希望自己成为这样的完美典范。

不过我遇到过另一种情况。有些女孩并没有多少爱好，却觉得自己必须要选择从事如下三种艺术和体育活动中的一种：古典舞、马术或体操。众所周知，这些活动训练极难、要求极高，而且需要全身心投入。有些从事这些活动的女孩之所以如此，就与父亲所投射的完美自我有关。这些父亲出于不同的原因，不自觉地期望女儿实现他们心中自恋式的痛苦遗憾。患有神经性厌食症的女孩大多与父亲处于潜在冲突之中，而与母亲发生公开冲突，而且父母会对女儿的消瘦感到不安和愧疚。与厌食症女孩的情况正相反，那些被父亲寄予厚望而从事高雅活动的女孩会与父亲发生显见的冲突。

戒备的父亲

少女若是感觉自己得不到父亲的承认、赞扬、关注和倾听，觉得自己在父亲的眼中显得似乎并不“真实存在”，她就会把这种感受放大到针对整个社会，因为父亲对她来说就是社会的最重要代表。她感到怀疑，自己或许永远无法融入这个世界，既然她无法成为父亲生活的一部分，那么她可能永远也得不到爱和接受。[1]女儿可能产生一种父亲对她不感兴趣的错觉，她希望找到简单直接的解释：他太自私，可能喜欢男孩——就像克拉拉，她在梦里相信，如果她生来是个男

---

1 Maine M., *Father Hunger: Fathers, Daughters and Food*, Carlsbad, Gurze Books, 1991.

孩，父亲会不惜带她到天涯海角。然而，要理解父亲对女儿的冷漠，有时是一件非常复杂的事。女儿与上文提到的有退避企图的父亲相处是十分不容易的。面对一个疏远冷淡的父亲，表面上对女儿漠不关心，只关心她钱够不够花，女儿会很难理解他实际上是害怕建立过于亲密的关系，因此采取一种恐慌的戒备姿态。她自然而然地把这种受到恐惧支配的行为看作对自己的冷漠，导致她怀疑自己，怀疑自己做过的事或说过的话造成父亲的态度。遭遇父母的离婚，她还可能认为，父亲觉得她与母亲太亲密，或是和母亲太像，结果让母亲为了与她毫无关系的问题付出了代价。正因如此，奥菲丽某天对我说："实际上我觉得父亲早就对我不感兴趣了。"她有显而易见的理由这样想。当她打电话给父亲时，父亲时常不回电话。在青春期，她通过考试的时候，父亲从来不表示祝贺。父亲听说她被一家商科学校录取时，对她说："你现在终于要努力了！"与父亲一起进餐的极罕见记忆通常是令人难受的：父亲似乎局促不安，不知道该对女儿说什么，相对无话的时候两人都十分难熬。她有时候这样看待父亲的态度：父亲总是最关心他自己，包括他的职业和个人生活。这么想的时候，她几乎原谅了父亲的态度。不过大多数时候她心里都很矛盾：不是责怪父亲就是责怪自己。事实上，在她小时候父母就离婚了。她觉得自己很想念父亲，因为她很难在母亲和妹妹中间找到自己的位置，如果父亲还在的话，她一定会更容易和她们相处。直到现在，她与别人建立关系时仍然深受影响，有时觉得无法摆正自己的位置。

长大成人之后，甚至直到今天，她仍然为父亲的态度感到苦恼，她敏锐地感到，在父亲表面的冷漠之下肯定隐藏着复杂的感情。然而父亲对她来说仍然是个谜。

我见过很多少女或成年女性饱受某种痛苦的折磨，奥菲丽就是一例：这种痛苦就是觉得父亲对她们没有表现出足够的关注，而她们本来有权利期待这种关注。经验表明，一旦她们明白，在这种漠不关心的态度下面隐藏着更为复杂的情感，自己可以向对父女关系“心怀恐惧”的父亲迈出第一步，两人之间的关系就会发生变化，痛苦就会减轻甚至可能完全消失。奥菲丽曾经倾诉，在她看来父亲对她漠不关心。两年后的一天，她终于明白要克服这一怨恨。利用父女间难得一见的共同午餐的机会，她鼓足勇气、克服恐惧，向父亲说出了很多心里话。她无比惊讶更无比高兴地看到父亲为她的话而十分感动，虽然有些话并不悦耳。从此以后奥菲丽和父亲的关系明显得到改善。他们见面的机会多起来，一起吃饭的机会也更加频繁。父亲似乎真的对她的职业很感兴趣，甚至开始主动给她打电话。

○ 不幸的三角关系

对于所谓的未解决的俄狄浦斯式冲突，人们已经颇费笔墨，甚至可以说浪费了过多笔墨。然而这种冲突与一些足够说明问题的情况存在着联系，因此不能把它丢在一边。

母亲嫉妒父女关系

女儿有时会对母亲产生敌视（女儿在十七八岁时这种情绪最强烈），母亲有时也会觉得女儿在反对她或狡猾地把父亲拉到自己那边，便自然而然说出这些话："你只爱父亲。""你跟你父亲一样。""你们真是串通一气。"诸如此类。母亲真正对女儿感到嫉妒，那是另外一回事。

卡米耶·克洛岱尔的故事仍可以作为这种情况的代表：她母亲不仅嫉妒父亲对她的爱和支持，而且还认为她篡夺了长子夏尔–昂列的位置，因为在卡米耶出生16天后他就夭折了。此后母亲在提到女儿卡米耶时，总是叫她"篡位者"。

毫无疑问，迪亚娜与父亲关系十分密切。父亲总是把她逗得开怀大笑。她觉得与父亲之间心有灵犀，又会常常责怪母亲与她的兄弟过分亲密。父亲从事的职业受人尊崇，她引以为傲，希望自己也能从事这种工作。她正在念大学，成绩优异，注定将实现这个愿望。母亲对父亲的事业成功帮助良多，但她很后悔自己没能好好念书从事更有价值的工作。她一直都鼓励两个孩子好好念大学。迪亚娜承认母亲给予自己很多，因为她小时候很淘气，做事三心二意，而母亲对她总是很耐心。然而，她很久以来都感觉得到，因为父亲对她的关注，母亲明显地嫉妒她。她知道自己有时会摆布父亲，让父亲关心她，有事情先和父亲讲，故意惹母亲生气。她以这些伎俩来报复母亲对她身体外表的“调侃”。她从小就矮小肥胖，这一点像她父亲。母亲则面容姣好身材苗条，体态外貌在她看来很重要，从而弥补了她对自己知识水平的耿耿于怀。迪亚娜记得，很久以来，家里有女性朋友来访时，母亲总要把女儿与她们对比一番：衣服、妆容、所有与身材外貌有关的都要被审视一遍，最后都免不了把迪亚娜贬损一通。不过父亲总是坚称她思维活跃、说话风趣而且聪明伶俐。她甚至有时被父亲不分场合的恭维弄得不好意思。在母亲面前，她感觉很矛盾，又是对父亲的夸赞感到高兴——尤其是让母亲不愉快的时候——又是在心里责怪他火上浇油。

女儿可能对母亲的嫉妒感到很痛心。她很明显觉得这是自己的问题，在相当数量的案例中，正如我们正在讨论的，母亲的嫉妒主要会对父女之间的良好关系造成影响。要断言这种影响是所谓俄狄浦斯情结造成的，这么说很容易，问题是俄狄浦斯情结——女儿和父亲之间的爱恋危机——是幼儿发展的正常阶段，是自发和天生的，而且大多数情况下是不自知的。迪亚娜面临的这类情况完全不同。女儿与父亲的关系，在某种程度上必须经过母亲。女儿对父亲的尊敬是因为她为他感到骄傲，不过同样有赖于母亲无言的传导。如果母亲对父女关系过于眼红，她不可能心甘情愿促成这一关系，甚至会有意或无意地进行阻挠，要不就是直接地对女儿表示敌意，要不就是间接地暗中或公开诋毁父亲。

父亲排斥母亲

女儿对父亲关于女人和女性的观点十分敏感，令某些身为人父者意想不到的是，父亲若是对母亲满腹批评，甚至充满轻蔑和不屑一顾，对女儿来说并不是好事。这些父亲可能导致某些观点所认为的“父性的女儿”[1]，也就是女儿可能不自觉地幻想一个没有母亲的世界。在古希腊神话中我们就可以发现一个完美的象征性形象：雅典娜是女人，也是童贞女，她没有母亲，是从父亲宙斯的头颅里蹦出来的。古希腊神话再次暴露了人类的想入非非：幼稚的父亲蔑视女人，排斥母亲，禁止女儿认识其他男人。这个神话更有意思的地方

1 Nielsen L., *Embracing Your Father*, New York, de Graw, 2004.

在于，它让人联想到男人幻想排斥女人的生活，以及独尊雄性气概，在某些对母亲和女儿不闻不问的父亲身上，有时就能发现这些特点。

女儿与父亲的关系流露出复杂多变的情绪，她并不准备对父亲的一切全盘接受，尤其是在他轻视和排斥母亲的情况下。这并不像某些父亲所认为的，是出于女性的融洽和默契。父亲排斥母亲，是在向女儿表明，他瞧不起她身上的女性特质。很容易理解，母亲的形象越是负面，父亲的形象就越是对女儿有吸引力。这样甚至可能导致女儿产生一种恐惧，害怕自己与母亲相像。因此她有时可能产生一种感觉，父亲在某些时候和某些方面是有道理的。所以她可能对母亲心生怨怼，出言不逊。然而，若看到父亲公开表达对于母亲的不满，尽管她时而也拥有这种看法，但她迟早将感受到一种夹杂着不安、愧疚、羞耻和愤怒的情绪。父亲对母亲表现出的排斥，成为女儿焦虑感的深刻根源。

错综复杂的离婚

上文提及的两种“三角关系”态势——母亲排斥父亲、父亲排斥母亲　　在父母分手或离婚的时候可能同时发生。父亲可能把分手的一切责任都推给妻子，反之，母亲也可能把这些责任都推到丈夫身上。孩子——这里特指女儿——发现自己陷入到底该忠于谁的冲突之中，要为权力和金钱的目标而奋斗，同时掺杂着并不轻松的更深刻触及她的存在的感情目标：拥有和留住父亲和母亲。在父亲轻视和排斥母亲的明朗态势下，女儿可能采取两种态度：加强她与母亲之间的关系，或与父母两人都断绝关系，以逃避这种痛苦的境况，如果正处于青春期，她可能采取更具挑衅性和危险性的行为。在最后这种情况下，铤而走险通常是向父母发出信号，敦促他们至少在一个共同问题上彼此合作，那就是女儿的状态。

女儿的另一个痛苦源泉是父母对于她的教育争执不下，而且并不仅限于离婚的父母。每个身为父母的人都是自己父母双方的教育成果，从自己父母那里得到各自的价值观和教育模式。这些价值和模式可能大同小异，也可能大相径庭。然而必须清楚，父母双方的严重分歧始终可能导致孩子不再尊重父母的权威。不仅因为父母向他提供了两种对比鲜明的教育模式，也是由于每种模式通常遭到对方的批评或严重排斥。

深陷危机的父母

面对正在全面发展的女童或正处于全面变化和激烈心理冲突的青春期女孩，父母也会陷入自我质疑或重新浮现旧日的冲突记忆。对于某些面临“生活危机”的人来说，陷入与青春期女儿的冲突，可能暴露夫妻之间隐藏的冲突。作为心理学家及青少年心理治疗师的职业经验告诉我，在为数众多的案例中，孩子的危机和父母之间的危机相互交汇，后者尤其以父亲轻蔑母亲的形式表现出来，会导致女孩产生心理障碍。

○ 一种特殊情况：父亲对厌食症女儿的影响

众所周知，患有神经性厌食症的女孩远多于男孩。通常母亲会最早开始担心女儿的过度减肥，因为她们越来越严重地挑食——拒绝一切可能让人发胖，尤其是含有脂肪的食物，严重时会出现闭经症状。人们通常言过其实地把女儿出现问题的责任——至少在部分上——归咎于母亲。确实，有些厌食症少女的母亲在青春期也患有相同障碍。也的确有些母亲在女儿尚未出现厌食症状之前就表现出对食物的过度担忧。还有观点认为厌食症少女的特征是不想对别人有所亏欠，她们对食物的冷淡似乎恰好象征着拒绝生养她的母亲、不愿意继续依赖她的想法。

归根到底，对父亲的责任几乎从未提及。然而近来的研究[1]表明，厌食症女孩们的父亲与她们都存在一种情感困难

---

1 Dethieux J.-B. et coll., «À la recherche des émotions perdues : l' adolescente anorexique et son père», *Neuropsychiatrie de l' enfance et de l' adolescence*, 2001, 49, pp. 131–140.

症状，被称为述情障碍（alexithymie）。这种障碍的定义是“无法用语言表达自己的情绪和感觉”。这种障碍可通过评估不同特征的重要性来测定量级：对感觉区分困难、情绪反映为身体不适、对自己的感情表达困难、幻想活动匮乏、思维偏于外向而无法审视自身的思维和态度（用术语来表达就是缺乏“自省能力”）。研究发现父亲的述情障碍得分（情绪困难症状）与女儿的得分具有相关性，参加测试的母亲则并未表现出这一特征。这一发现产生一个具体影响：要通过多种中间渠道鼓励情绪表达，当然首先是为了帮助女儿，但同时要对父亲进行援助。这些工作是近年来对父亲在厌食症中的影响进行研究的一部分。目前研究者已经提出了多种假说。由于本书旨在促进父亲与女儿之间的沟通，我对这些观点一带而过，以期读者有所了解，即使它们往往植根于认为父亲对女儿的障碍负有责任的隐晦立场上。有人以多种形式探讨父亲职责的丧失[1]，包括父亲威信扫地、遭到贬斥压抑，甚至直截了当被指责为扰乱人伦或心术不正。有人认为父亲对女儿缺乏关心，导致女儿自暴自弃甚至采取自残行为。[2]还有人声称厌食症女孩的父亲发生了“母性化”，他们声称有的

1 Brusset B., *Psychopathologie de l’ anorexie mentale*, Paris, Dunod, 1998.
2 Maine M., *Father Hunger: Fathers, Daughters and Food*, Carlsbad, Gurze Books,1991.

父亲自愿扮演“好妈妈”或“妈妈式老爸”的角色，女性身份特征在他们身上更占优势。[1]这种论点似乎被下面这种现象所证实：父亲很难对女儿发出禁令，因为他担心破坏与女儿之间的良好关系，尤其是女儿出院的时候。[2]

总而言之，这些研究试图总结出厌食症少女的父亲们所具有的某些共性，最终得出“父性缺失”的观点：对于父亲的身份不够坚定、倾向于认同女性特质、母性化、竭力对抗俄狄浦斯情结[3]等。尽管如此，必须承认在患有其他类型障碍的女孩的父亲身上也能发现这些特点。

瓦莱丽·瓦莱尔[4]在《疯童院》（*Le Pavillon des enfants fous*）一书中讲述了她13岁时因为厌食症在病院待了4个月的亲身经历。她在那里多次回忆起包括父亲在内的父母家人，并写下非常苛刻的评语：“她自私、盲目、神经质、病病歪歪，他则谎话连篇，精神分裂，沉迷性幻想，垂头丧气。”她在这本书里着重描写了父亲的同性恋倾向以及他与另一个女人

1 Jeammet P., «Le corps à l' adolescence», in Roux M.-L. et Dechaud-Ferbus M., *Le Corps dans la psyché. La psychothérapie de relaxation*, Paris, L' Harmattan, 1993.

2 Bochereau D., «Rencontre avec des pères d' anorexiques», *Neuropsychiatrie de l' enfance et de l' adolescence*, 1994, 6, pp. 233–239.

3 Foliot B., «Le manque de père: relation père-fille et anorexie, mémoire de maîtrise de psychologie clinique», 2004–2005.

4 瓦莱丽·瓦莱尔（Valérie Valère，1961—1982），法国女作家，生前患有严重的厌食症，以自身经历写作《疯童院》一书，后死于服药过量。

保持的婚外关系。从这个命运悲惨的厌食症少女的叙述中，可以发现上文提到的某些观点。幸运的是，虽然少女患上厌食症的情况的确存在，病症的严重程度却因人而异，每个人的经历也各自不同。不过终究不能忽略父亲在女儿“嬗变为女人”的心理进程中产生的重要影响。

父母那些让人发狂的行为

有些女性从不质疑自己的童年。在这个时期，她们遭受了多种形式的真正创伤。可能是父母一方的离去、父母令人痛苦的离婚、与身体和性侵犯有关或相继的精神暴力。因此她们在生活中往往沉迷于幻想世界而难以承受现实，因为她们无力弥补幻想王国和现实之间的差距。在这种情况下，写作、绘画和音乐等创造性活动通常成为对日常生活的压抑现实进行超越和升华的手段。

○ 深渊边缘

尽管北美学界把男性气质简单化为绝对蛮横粗暴的观点有失偏颇[1]，但是研究父亲的暴力问题是很有必要的。人类的历史、日常生活和职业经验都表明，父女关系可能被暴力笼

1 Badinter E., *Fausse Route*, Paris, Odile Jacob, 2003.

罩，它时而显见时而隐蔽，但都对女儿具有极端的破坏性，给她留下不可磨灭的印记。

法国社会行为研究所（ODAS）及该领域的专家认为，对儿童的虐待尤其是父亲对女儿的虐待现象正在恶化。孩子因挨打而产生的症候群在儿科医院很常见，而且不分男孩女孩。尽管辅助性的放射性检测手段日益完善，但有时仍然难以做出诊断。

来自父亲的暴力多为冲动和异常性行为，同时也存在因为疏忽大意甚至完全不管不顾所造成的虐待，例如把青少年关闭起来进行惩罚，拒绝让孩子就诊以确认挨打的事实。

还有另一种形式的虐待，可能与身体暴力有关联，也可能独自存在，人们对其影响研究较少，不过我认为危害并不小。我想说的是语言表达的暴力：呵斥、辱骂等一切针对儿童的言语侵害。面对辱骂，女儿当然可能起来反抗、反唇相讥，但也有可能保持沉默：总是以“闭嘴！”打头的语言暴力往往导致孩子保持沉默和自我封闭。

暴力的父亲与女儿建立一种身体或心理上的支配关系，他往往无视女儿的需求，抑制她的想法。因为父亲的暴力和虐待不是指某种在愤怒时发作的、不过分激烈的单一、有限、孤立的行为，那对孩子几乎留不下痕迹，暴力和虐待是指一种反复的或者采取对儿童造成永久影响的行为。

当然，虐待存在很强的主观性，无论是对个人还是集体来说。不能忘记暴力的概念随着社会、民族和时代的不同而发生变化。事实上，暴力与我们越接近，越对我们有所触动。奴役儿童或以极端宗教习惯的名义对女孩施加虐待的情况，最近才开始引起人们的关注。然而最严重的不公在于隐蔽的暴力，女孩只有长大成人才敢把它说出来，甚至到那时也不敢说！父亲对女儿施加暴力可能存在多种原因：家庭、经济和社会环境特别不好，把教育优先于情感，父母的角色受到质疑，代代相传的积习——施虐的父亲本身也曾经是受虐者，等等。

很多遭受虐待和侮辱的女孩能够建立令人满意的生活。但我们务必明白：即使父亲施加暴力的原因很多，而且女儿可能存在某种恢复能力，但是对于暴力不能有任何的容忍。

○ 从意淫到乱伦

我们已经看到，父亲通常是爱女儿的。这种感情从精神和身体上都可以感受到。父爱可能具有多种形式。从眷恋到情欲，从温柔到淫猥，父亲对女儿的感情中缺少清晰和最终明确的边界。卡特琳·马特兰（Catherine Mathelin）写道："父亲不应该利用任何方式诱惑女儿。然而父亲就算什么都不做也对女儿拥有诱惑力。父亲应当告诉女儿，她是富有魅力的，但是他不能试图取悦女儿。”[1]

意乱情迷的父亲

查尔斯·路特维奇·道奇森（Charles Lutwidge Dodgson）又名刘易斯·卡罗尔（Lewis Carroll），他从未做过父亲，但在我们这个时代，《爱丽丝漫游仙境》的作者对小女孩们的吸引力显然值得引发众多疑问。杰姬·武尔施莱格（Jackie Wullschlager）写道，众所周知“他的友谊毫无可疑之处。作为维多利亚时代的绅士（他生于1832年），这位独身的大学教师生性腼腆，特立独行，沉默寡言……他相信与儿童交往能提升人的精神和灵魂……然而在后弗洛伊德时代，阅读他写（给小女孩）的数以千计的信件，无法不从中看出某种隐藏的淫猥心态……1877年，他在日记中写道，遇到‘一个有着前所未见的漂亮侧脸的小姑娘。真想给她拍几百张照片’”[2]。虽然刘易斯·卡罗尔并不是父亲，但是无法否认他像某些父亲那样意乱情迷。

贝特朗希望我能帮助他的女儿朱莉，自从他4年前离婚

---

1 Mathelin C., «Le père, c' est la santé», in Colin-Simard V., *Pères d' aujourd' hui, filles de demain*, Paris, Anne Carrière, 2003.

2 Wullschlager J., *Enfances rêvées, Alice, Peter Pan… Nos nostalgies et nos tabous*, trad. par Monique Chassagnol, Paris, Autrement, 1995.

后，12岁的朱莉跟母亲一起生活，两人相处很不好，她几乎事事都要跟母亲大吵。吃饭、体重、约会、闺蜜、男朋友、学校成绩、假期，任何事情都能成为她跟母亲激烈争执的借口……母亲已经无法忍受下去，贝特朗希望能帮上忙。但是怎么帮呢？我问他，朱莉是不是希望能与他住一段时间，比如遇到跟母亲争吵的时候。这时他生硬地说，他爱女儿，能够接纳她，但是他并不希望这样做。他认为前妻给了朱莉过多自由，她应该对女儿的任性负责。然后突然地，与他正在说的话毫无关系，他对我说，希望我能帮助他女儿，让她不要变成一个“坏女人”。这句没来由的话暴露了他的内心想法。表面看起来这种担心与他自己无关，但这位父亲毫无疑问被女儿搅得心绪不宁。女儿对此心知肚明吗？朱莉为父亲的坦率和温柔口吻深感触动。她很感动于父亲对她的了解，特别是当父亲对我说，在任性激烈的态度和强硬性格的掩饰下，他的女儿实际上非常敏感。她认真地聆听父亲说话，表情严肃而且陷入深思，无法掩饰自己的激动。两人之间的这种情绪正是某些观点所认为的“意淫”[1]，与明确的乱伦情形相对，这种情愫诉诸幻想，可能冒出某种不健康的念头，但

1 原文为 incestuel，汉语中并无合适对译，译者此处借用“意淫”一词，庶几近之。——译者注

应立即将其抑制。

当13岁的卡米耶·克洛岱尔告诉父亲，她想成为雕塑家的时候，发生了什么事情？安娜·德尔贝（Anne Delbée）描述了如下场景："'我想成为雕塑家！'她站起来。他当时正在拦腰抱着她。她13岁的时候已经比同龄孩子要高了。他心里突然对她涌上一股柔情，也站起身来把她拥在怀里。'我的女儿，我的女儿。'他感受着这个正在成熟的女性身体，并用双手托着她的头，'她将成为多漂亮的女人啊！'他盯着她显出傲慢不羁的厚嘴唇。她的脸像火烧一样。厨房里陷入可怕的沉寂。两人互相望着……"[1]很容易理解后来卡米耶·克洛岱尔为什么深爱仅比她父亲略微年轻一点儿的奥古斯特·罗丹（Auguste Rodin），并且在1913年3月10日，也就是她父亲逝世一星期之后，被送进埃弗拉尔城（Ville-Évrard）精神病院。

这就是心理学家所说的"意淫"情境，其危险性并不明确，而且能够从中得到不同的解释；其危险性同样有赖于发生背景。这与严格意义上的"乱伦"截然不同。

父亲有时可能对女儿意乱情迷——哪个父亲敢说他从来

---

1 Delbée A., *Une femme*, Paris, Presses de la Renaissance, 1982.

都没有过这样的心慌意乱？然而，虽然心思暧昧并不是行动，两者却可以互相转化。更危险之处在于，从心思到行动的跨越可以在无意识之间实现。

真正的乱伦是父亲对女儿施虐的顶点。它造成的创伤是永远难以忘怀的。乱伦暴行属于人类心理中无法描绘的那部分。它天生就无法进行描绘，因为在人类身上存在某些事件、情形和关系，从本质上来说，无法从精神方面进行归纳。

乱伦的恐惧

是否有必要提醒，乱伦这“最可耻的堕落”[1]是一种大多发生于父亲和女儿之间的罪行[2]？生活的经验表明，无论现在还是过去，这种罪恶行径通常是暗中进行、不事张扬。从一出现的时候起，这种行为就隐秘难言，不仅是男人不说，大部分小女孩默不作声，甚至母亲也守口如瓶，这样的情况并不鲜见。小女孩的沉默可能维持多年。她后来往往想找出合适的话来表达，也可能用多种形式来宣泄内心的伤痛，却仍然无法把她想大声告诉全世界的话说出来。

---

1 Ciavaldini A. et Balier C., *Agressions sexuelles: pathologies, suivis thérapeutiques et cadre judiciaire*, Paris, Masson, 2000.

2 关于乱伦问题，建议读者阅读 Hélène Para 的杰作，她在这本书中探讨了历史、人类学、社会学、法律和心理学问题。Parat H., *L' Inceste*, Paris, PUF, «Que sais-je ?», 2004.

青春期女孩或年轻女性的抑郁症状、自杀行为、病理性饮食行为（厌食症或暴食症）之下可能掩藏着这种无法自愈的极深痛苦，这一点如今已经众所周知。有时候其影响表现为复仇的欲望和生存的渴望，导致某些女性在与男性的关系中带有暴力和极端倾向。

打破沉默

长达数百年间，人们把乱伦视为一种隐约得到容许的侵害行为，世人普遍对此装聋作哑。在法国封建时代的刑法著述中，乱伦和强奸被认为是犯罪行为，不过真正得到审判的案例少之又少。在一个传统上宽恕身体暴行的社会，令人陷入沉默的耻辱和医学鉴定的不可靠，助长了这一既成事实。

当难以言说的隐痛过于沉重，受害的女孩会从周围的人中间找到一个能够分担痛苦的第三者：母亲、姊妹或表姊妹（这个姊妹有时可能会对她说，自己也承受着同样的伤痛）、医生、法官、心理医生、社工，特别是她足够信任的男朋友。

○ **识破虐待**

有一点需要明白，受到虐待的孩子出人意料地极少指责父母。无论是身体上的虐待、严重失职、性侵还是精神暴力——这些伤害往往交叉并存——周围的人可以从某些信号上得到警醒。

意味深长的行为

通常，父母的某些话应当引起警觉，尤其是父亲的话：他不直接叫孩子的姓名，而代之以“那人”“她”，并对孩子充满抱怨：“她从来不讲话，她总是哭，我怀疑她是不是我女儿。”在父亲的注视下，孩子通常沉默不语，呆若木鸡，不过在独处的时候就活跃起来，除非是被父亲的施虐压垮了的女孩。如果是后面这种情况，女孩会静静地待在角落里，警觉地望着大人的哪怕一点点微小动作，身体显得很僵直。

幼小的孩子会不断重复上演暴力游戏，或是明白无误地画出受虐的儿童。年龄稍大的女孩或是显得已经适应了疯狂的家法，或是偶然鼓起勇气对第三者说出她的遭遇，随即就自悔失言。

孩子的话语

涉及特殊的性侵犯，尤其是乱伦的时候，由于缺乏明显的身体创伤以及习惯性的沉默不语，有时母亲也会一起沉默，导致人们主要是从青少年的话语中进行分辨，这些话语往往在与受创事件相距甚久的时候才敢说出来。比如说，到了青春期的时候，面对神经性厌食症的困扰，或适逢离家出走甚至企图自杀的时机，人们才第一次听到女孩吐露小时候遭受性侵犯的经历。

无论是身体虐待还是性侵，只有在听到周围人士或多名专业人士的见解后才能得以确定，这些专业人士包括：儿科医生、放射科医生、妇科医生、心理专家、社工、老师、法官等。

如今，孩子话语的重要性已经得到承认，不过同样需要注意的是，要持谨慎态度看待越来越多的儿童声称遭受身体虐待或性侵犯的事实，特别是在父母离婚的情况下。

有一系列迹象可引起人们对孩子的话语施以特别关注，然而并无必要把他们的话一概视为真相。在家庭或某一机构中遭到虐待的孩子，通常因为恐惧和羞耻而缄口不言，不会贸然道出事实。然而务必要明白的是，若女孩声称自己遭受虐待，则表明她是一个需要得到援助的处于痛苦中的青少年。

第四章

爱情的幸福与不幸

我在前面章节已经说过，女儿与父亲的关系会塑造她的人生，她必须为将来的幸福做准备，特别是为了与将来遇到的男性一起幸福地生活。然而父女关系不是唯一的决定因素，女人可以与那个把她从复杂的父女关系中解救出来的男人一起幸福生活。与父亲关系不好必然导致与男性的关系不好或生活不幸，一切持有这种决定论绝对观点的人都把事情过于简单化了：父亲过早从女儿的生活中消失，也可能让她渴望人生的成功。著名的古希腊文化研究者雅克利娜·德·罗米伊（Jacqueline de Romilly）是法兰西学术院院士，并执掌法兰西公学院首个女性教席，目前已经年逾耄耋。她最近坦陈[1]，对希腊语的爱好受母亲影响，不过她的充沛精力和乐观态度要归功于父亲，她父亲是个才华横溢的人，尽管他1914年死于战争，那时她才一周岁。

不过，根据我的执业经验，我认为某些少女和成年女性由于父女关系复杂而在寻找幸福爱情的过程中存在困难，她们或是很难交往合适的男性，或是一再选择需要她们无微不至地照顾的男性，或是寻觅父亲的替代者。所有这些情况，无论严重程度如何，都会引出下面这个基本问题：怎样让爱情不因受到父亲的牵连而变得不幸？换句话说：怎样才能不找个和父亲毫无二致的男人？怎样才能不虚耗生命寻找完美男性？怎样才能避免交往永远无法把握的男人？怎样才能不去交往内心另有所属的男人？怎样才能避免交往让她感到痛苦的男人？

不懂得如何爱或吸引男人

女人可能在不经意间吸引男人，也可能想引诱男人却做不到。幸好，她也有机会在自己想吸引男人时成功地获得他的好感。诱惑力是一种神秘的能力。人们似乎更容易了解导

1 Weissman E., «Une journée avec Jacqueline de Romilly», *Elle*, 21 août 2006.

致女性魅力不足的某些原因。其中至少有三个因素与父女之间的关系有关：受到父亲渴望男孩的想法感染而不自觉地变成父亲心目中的“假小子”；过于恐惧自己的女性特质；或是与父亲仍然保持过于理想化的关系。

我听过多位女性抱怨她们为自己不够具有魅力而苦恼，而且也知道主要的原因：她们太像“假小子”。她们的男性朋友很多，在男孩中间感觉很舒服，而且她们从小就如此，然而当她们对某个男孩产生好感，想要进一步发展时，往往难免听到这句话：“你对我来说就像姐妹……甚至像兄弟。”她们对自己的“假小子”性格持有多种猜测，不过主要原因不外乎是父亲曾经希望她们是“男孩”。

很多女性前来进行心理咨询，因为她们不断遭遇爱情失败。不是从未真正坠入情网，就是接连的感情受挫使得她们逐渐认清自己难偿所愿的阻碍何在。随着时间流逝，她们头脑中想出几种解释，然而只有一种日益得到证实：她们与父亲的关系过于复杂。有时候，她们迫不得已始终要为别人做出牺牲，因为内心被不断获取父亲的爱和赞赏的想法所劫持。有时候，她们自己多少也明白，永远找不到自己心目中足够好的男人。在这种情况下，她们发现对男性的完美化想象，暴露出她们在寻找具有父亲那样优点的男性，或是她们心目中认为父亲期望她们所选择的男性，这种心理是她们此前没有意识到的。因此，她们从未彻底摆脱父亲的影响。

可以进而提出多种解释，用于理解这种无法摆脱父亲影响的情况。一方面，有些父亲确实过早从女儿的生活中消失：父亲的形象纠缠着女儿，让她难以喘息，无法直抒胸臆。另一方面，有时候也存在对女儿爱得过头的父亲，他们给女儿造成不可磨灭的影响，在女儿的内心树立一种寻找同样强烈和无条件的爱的想法。还有的父亲因为抛弃妻子，造成女儿对男人心存恐惧，尤其害怕自己可能爱上的男人。最后一种可能的情况是女儿与父亲产生过尖锐冲突，导致她产生与父亲和解的强烈愿望，因而阻碍她内心深处原谅自己和追求个人幸福的愿望。这些大相径庭的情形表明，父女关系在一定程度上决定着女儿的爱情生活。

○ 无法与男性交往

卡特琳现年32岁。她两年前搬出父母家单住，但却无法远离这个家庭。她是家里的独生女，父母两人仿佛从来都不和睦。因为他们两个出身的文化背景不同，祖母从未接受儿子与卡特琳的母亲结婚。而父亲似乎从未切断与自己母亲之间的脐带，可能是因为祖母生了两个儿子后不久就遭遇了丧夫之痛。一开始他迫使年轻妻子——在妻子看来是以一种自私的方式——接受与婆婆同住，借口是为女儿卡特琳提供更多的物质、金钱和教育帮助。婆媳两人后来陷入持续不断的矛盾冲突——卡特琳对此记忆深刻，那时她有五六岁大——父亲最终与祖母分开住，不过仍然每天都去看望她。无论如何，成为父亲知心人的卡特琳就是这样说的，她觉得祖母是父亲最爱的人。卡特琳到青春期的时候，父母之间的争吵越来越尖锐，她记忆中当时最害怕的事情就是父母离婚。难以理解的是，虽然父亲似乎最看重与他母亲的关系，卡特琳却记得父亲曾经对妻子大发醋意。她说，父母之间的冲突以及这些冲突给她造成的忧虑，“剥夺了我的青春期”。少女时期的她十分羞怯，功课十分努力，成绩却不尽如人意。她极少出门约会，除了一个视为闺蜜的朋友，她没有其他伙伴。通过中学毕业会考后，这个头脑聪明的少女不敢如心中所愿那样长期求学，毫无疑问是因为害怕远离父母。于是她选择学习文秘专业，这份职业让她不讨厌，甚至感到很知足。因为她似乎工作非常努力，也颇能胜任。别人偶尔会抱怨她缺乏主观能动性，不过又很满意她工作从无过失。23岁的时候，她爱上闺蜜的兄弟。这份爱情很长一段时间都有名无实，这个男孩子从来也不急于求成。随着时间的推移，她说，在父亲的支持下，她和男友经过5年的“暧昧”，关系逐步明朗，卡特琳有了第一次性生活。一年后，两人搬进一套小公寓，这套公寓是她父母所有，也离父母家很近。她很快对男友的自私和嫉妒成性感到失望，此前她并未发现这一点。共同生活一年后，两人最终分手。她的父母尤其是父亲似乎支持她的决定。她告诉我，听到父亲的意见后她心里感觉一块石头落了地，而且父亲对她帮助很大，包括物质方面。她认为自己不会再爱上这种男孩了。我忍不住把她描述的父亲性格和在这个男孩身上发现的性格做对比：自私和过于嫉妒。在某个合适的时候我把这一点告诉了她，她却并没有感到惊讶，甚至还说："我不知道能否有一天摆脱父亲的影响。"

○ 害羞的保护壳与乱伦的威胁

奥尔唐斯小时候一直很内向，几年来她越来越害羞。表面上她与母亲非常亲密，母亲是个要求苛刻的人，似乎对自己的生活感到不幸和不满。奥尔唐斯的父亲是一名商业工程师，恰恰相反地是个积极、外向且总是很随和的人。我们很容易就会把奥尔唐斯过于害羞的性格归咎到母亲身上。

不过奥尔唐斯接受的心理疗法揭示了她所面临的麻烦的隐藏一面。除了害羞的性格，奥尔唐斯还对同龄女孩嫉妒成性，她自己也心知肚明，而且在她长大后这种嫉妒心也没有减弱。虽然与闺蜜的关系很亲密，但她对闺蜜的感情关系非常嫉妒。在工作中，她也同样很敏感部门主管对新同事的赞扬。由于害羞，奥尔唐斯知道自己与男性相处很困难。她就像童话故事里的女主角，在寻找奔向她的英俊王子，并且期待被王子抱上漂亮的白马。她聪明而且敏感，完全清楚自己的期待只是妄想；她也知道自己过于内向，但仍然渴望有男人主动接近她。内心的痛苦、过度的害羞和病态的嫉妒，有时让她感到怅然若失，甚至感到无法忍受。为了摆脱心魔以及她认为不正常的消极被动，她多年来一直通过戏剧进行所谓“自我疗法”。这种爱好让人感到愉悦，却并没有让她得到释放。因此她决定接受心理分析。在分析过程中，显然她因为我的男性身份而仍然表现得很放不开。然而考虑到她的主要问题在于和男性之间的关系，在治疗过程中她与我之间建立的“更具中性”的关系，很有希望促使她并帮她表明心迹。

她一点点说出自己的故事。于是在她的回忆中慢慢显现出父亲的态度和言论对她有多么大的影响。作为独生女，她认为自己一出生就得到父亲的喜爱。然而，年岁渐长，她觉得父亲的宠爱成了负担。她还记得小时候父亲说过一句让她深感吃惊的话。在某次家常便饭般的夫妻吵嘴后，母亲一出门，父亲就用一种让她感到不舒服的眼光盯着当时在场的她说道："你长大了要嫁给我。"父亲当时说这句话时可能没有恶意，但这句话不是奥尔唐斯的凭空想象，她还把这句话和父亲让她感到别有用心的目光联系在一起。从那以后直到现在，她时常想起这句话。母亲还说过，她小时候睡觉很不安稳，时常做噩梦。奥尔唐斯现在认为，她的噩梦和睡觉不好都发生在父亲跟她说那句话之后。她心里长期有一种强烈的撕裂感，一方面对父亲又敬又爱，另一方面又在被父亲盯着时感到局促不安。

在青春期，奥尔唐斯的回忆则被另一件事占据着。尽管仍然害羞，但是她爱上了一个男孩，并在男孩的迫使下发生性关系。从此她对男性产生厌恶感，也对自己当时的不由自主而感到羞耻，她觉得自己之所以被动，既是由于自己感到某种欲望和快乐，也是由于对方的暴力威胁。

父亲的言语目光带给她的感觉，以及青春期时候遭逢的创痛，由于这两者之间显而易见的共同性，她向我表达了对所有男人的愤慨。她明白自己的极端嫉妒心意味着什么，也知道如何抑制过度羞怯：那就是抑制自己对男性抱有的过激观念。慢慢地，她允许自己逐渐交往一个、两个甚至三个男孩，她与他们在一起时自愿且有意地运用自己的能力，占据支配地位。她很清楚，自己在利用这些男孩来积累经验，毫无疑问是报复过去遭受的创伤。同时，她能够从物质和感情上脱离父母，尤其是父亲。她从来不敢告诉父亲，她觉得他如何束缚了她的人格发展尤其是女性特质的发展。不过她能够毫无愧疚地告诉父亲，自己心里如何责难小时候父母在她在场情况下进行激烈争吵，并把这些争吵的主要责任推到父亲身上。父亲似乎接受了她的责怪，并没有流露出不以为然的意思，也不觉得对他不公平。这时奥尔唐斯才有了一种释然，也终于能够交往一个与她相互钟情的男孩了。

○ 父亲的缺失导致与男性关系存在困扰

电影界以及精神分析学界都受到玛丽莲·梦露的深刻影响，这个谜一般的演员生活坎坷不幸而且结局悲惨。[1]她似乎被视为不祥女人的最佳代表，“关于她的故事十分可悲，与之有关的男人都被妖媚的魔法害死”[2]，与她同列的有夏娃、喀耳刻、大利拉和莎乐美。梦露的传记作家和精神分析专家一致认为，演唱过《我的心属于爸爸》（*My Heart Belongs to Daddy*）的梦露，因为从来没有见过父亲，而饱受遗弃和自

---

1 Schneider M., *Marilyn, dernières séances*, Paris, Grasset, 2006.

2 Mainguenau A., «Esthétique de la femme fatale», in André J. et coll., *Fatalité du féminin*, Paris, PUF, 2002.

伤的身世之苦。唐纳德·斯波托（Donald Spoto）在梦露传记中写道：“她提到次数最多的人是她的父亲，比童年时的其他人都多。”她的一位密友后来披露：“她记得自己的母亲，但并没有多少感情。不过她非常想念父亲。”[1]在约翰·休斯敦（John Huston）导演的电影《不合时宜的人》中，玛丽莲·梦露与著名影星克拉克·盖博搭档。她曾这样提到盖博：“我希望他是我的父亲，他想怎么打我的屁股都行，只要他能抱紧我并对我说，我是亲爱爸爸的小女儿，爸爸爱我。”[2]在不同的阶段，她对父亲姓名和性格的描述存在多个不切实际和互相矛盾的版本，甚至企图杜撰血缘关系。苏珊·多尔（Susan Doll）在一本关于梦露的书中说：“1962年去世前，玛丽莲曾当着助理的面填写了一份官方表格，助理看到这个身世凄凉的女星心酸地在‘父亲’一栏写上‘不详’的字眼。”[3]梦露一生中与男性交往的故事能够说明，女儿与父亲的关系可以在多大程度上导致她情路坎坷，尤其是她穷其一生寻觅父亲的替代者的时候。米歇尔·施奈德（Michel Schneider）在书中写下梦露的这些话：“提到与男

1 Spoto D., *Marilyn Monroe, la biographie*, Paris, Presses de la Cité, 1993.
2 Schneider M., *Marilyn, dernières séances*, Paris, Grasset, 2006.
3 Doll S., *Marilyn, vie et légende*, Paris, Ramsay, 1991.

人的交往经验，我最喜欢说的话是——他们总是心不在焉。”“我有很多老师……我有可以尊敬的人，却没有可以模仿的对象。我总感觉自己微不足道，成就自我的最佳方式可能就是成为另一个人。这就是为什么我选择演艺职业。”[1]

玛丽莲·梦露的故事属于一个生活处于曝光状态的人，而且她的经历极为坎坷。我即将提到的两位更加藉藉无名的年轻女性的故事也能很好地证明，儿时的父爱缺失与长大后和男性相处的困难之间的确存在一定联系。

○ 难以满足的好奇心

卡罗琳两岁半的时候，她父亲离家出走。她主动对我说：“不管怎么说，两岁半不算懵懂无知的时候了。”她之所以来找我咨询，是因为她对丈夫醋意极深。她总是不由自主地监视他，审问他白天在哪里度过，查看他的手机等等。她甚至难为情地告诉我，她经常偷偷翻看丈夫的口袋。她从未发现丈夫不忠于她的任何迹象或者有什么事情是瞒着她的，但是她的嫉妒心就是无法排解。她觉得自己心底里是想让丈夫为某些事情付出代价，但到底是什么事情她也说不清楚。慢慢地，她发现自己想在丈夫身上获得弥补的东西与父亲的

1 Schneider M., *Marilyn, dernières séances*, Paris, Grasset, 2006.

抛弃有关。然而她渐渐有了另一个发现。她越来越清楚，导致她这种行为的深层想法让她自己也感到惊讶：她想探索男性气质的秘密。因此她认为无论如何都无法平息这种求知欲，也就是渴望知道丈夫乃至所有男人拥有什么样的感觉、想法和表现。她说，自己想识破男人的神秘。她突然明白这种欲望与母亲经常重复的一句话有关："儿子留在爸爸身边，女儿留在妈妈身边。"她说，母亲之所以这样说，显然是为了让她接受母亲单独抚养她长大的现实。然而对于卡罗琳来说，这句话隐含了另一层意义——引发她对于男性世界的极大好奇心，父亲的缺失显然是一个重要因素。

○ 心里的父亲

茹迪特进行心理咨询的表面原因是她担心的体重问题。她是个刚刚跨入成人世界的年轻女子，表达简略清晰，情绪控制得很好。一年来，她就读于巴黎某建筑学院。她远赴首都的原因是老家小城没有这个专业。她的体重问题出现于青春期之初，有时表现为食欲过旺，看起来不像真正的饮食行为障碍，但她所有的节食努力都失败了。她一开始就告诉我，她认为这是个"心理问题"。我问她为什么这样认为。她告诉我，亲生父母在她小时候就离婚了，她与亲生母亲关系一直不睦，反而与继父保持着良好的关系。她有个哥哥，很早就离家远赴国外留学。这时我问道:“你的父亲呢?”她第一时间答道，她不认识父亲，父亲也从未有什么音信。似乎这个问题对她来说已经过去了，我却惊讶地发现眼泪从她脸上流过。我问她究竟怎么了。她极为激动地告诉我，她来巴黎是为了试图找到父亲。事实上她抱着父亲还在世的希望，因为几年前她在母亲的抽屉里发现一封来自父亲的信，信封上的邮戳来自巴黎某区。她暗中进行了一场堪与私家侦探相媲美的调查，找到了父亲可能的地址。她在讲述这件事的时候情绪非常激动，最后她告诉我:“我的继父就是我的父亲，然而我的亲生父亲才是我‘心里的父亲’。”

后来，茹迪特在心理咨询期间找到了亲生父亲。她对于结识生父感到失望，因为父亲与她心里勾勒出来的完美形象并不一致。然而与父亲的家庭尤其是祖父重新建立联系，让她备感安慰。她好不容易才鼓起勇气把这件事告诉母亲和继父，尤其是因为她害怕伤害继父。与此同时，她的暴食和体重问题都得到了明显改善。更重要的是，她认识了一个男孩并与他相爱，这是以前从未有过的事情。后来她这样对我说:“人不能同时爱好几个人啊。”

永不满意的父亲造成的影响

很多女人在一生中寻找能爱她们本性的男人，希望他不会压抑她们，不会隐晦或公开地教训她们，不会蔑视她们，不会公然愚弄她们。其中可以发现女儿期待父亲所具有的主要优点。她可能无法在父亲身上发现这些优点，因此很可能寻找一个理想的男人，她们在心底不自觉地把他等同于希望自己拥有的父亲。每个人都会同意，这种理想男人特别稀有，更不用说还要共同生活在一起。寻找这个男人更像是痴心妄想而不是脚踏实地的做法。要获得自由和幸福，必须接受自己和对方的不完美。

无法在父亲身上找到这些优点的女孩，可能不顾一切地在她认识的男人身上寻找。人性的一个悖论在于，不少女人留意在男人身上寻找这些优点，却事与愿违，稀里糊涂地落入与父亲有同样缺点的男人之手。正是这种情况导致了很多分手和离婚案例的发生。

○ 嫁给一个需要照顾的男人

女人似乎很喜欢照顾男人。人们长期以来指责女人在对男人进行无微不至的照顾中获得快乐，甚至从这种行为中发现她们与父亲之间的无意识联系，要不就是因为无法在父亲身边扮演这种角色的遗憾，要不就是为了把强势男性的地位一如既往地留给父亲，不容其他男性染指。因此，女儿与父亲的关系可能会妨碍她作为女人的生活。

如果你的配偶希望你对他进行无微不至的照顾，该怎么办呢？或许他在不择手段地利用你，你绝不能任其所为，但或许也是因为他真的不如你强势。后面这种情况分外常见，因为男性会用令人不快的举止态度来掩饰这个问题。你不希望配偶像个长不大的孩子，也不希望得到像父亲一样的伴侣或丈夫，你希望拥有一个男人——更深一层的想法是——一个能够照顾你的男人。我见过很多女人对配偶太过于照顾或支配，她们对此感到非常疲倦，还有的女人自己有远大的抱负，却觉得另一半不够有野心，这些女人往往缺乏父母的爱，尤其缺乏父爱。这是她们无意识地进行自我补偿和自我满足的方式。然而她们付出的代价多么高昂啊！

○ 选择大龄男性

前面的章节已经探讨过，父亲的冷漠无一例外地让女儿痛苦不堪，有时甚至造成她对所有人采取敌视态度。这种漠不关心将对她的人生历程造成或深或浅的印记。其中一个时常被发现的“印记”其实不难理解：那就是渴望交往年龄明显偏大的男性，从而填补她缺少的父爱。

大龄的男性通常显得颇具魅力、心思细密而且让她产生安全感。这种情况的存在，恰恰说明女儿不仅需要母亲的了解和承认，也需要父亲的了解和承认。喜欢交往大龄男性的年轻女性通常自己也认为这种想法与父亲对她们的冷漠表现有关系。

○ 问题不一定是父女关系造成的

显然，父女关系这个理由不能解释某些非常特别的夫妻关系。女人可能照顾呵护丈夫或生活中的所有男性，原因正如上文所说，在于她与父亲之间的特殊关系。她将为此感到痛苦。

然而我们不应把这种情况与另一类型的女性混淆，后者争强好胜而且抱负远大，因此在私人、社会和职业生活中自愿扮演支配者的角色。她们非常幸福，夫妻之间存在默契。然而，如今有些怀有远大抱负的女性却抱怨丈夫缺乏野心，问题并非出在她们与父亲的关系上。实际上，她们的问题不是与父亲过于亲密，而是没有在夫妻之间找到平衡。她们时常因为要承担一切责任而感到疲倦，大到子女教育、购置房产这些重要事务，小到周末娱乐安排和购买吸尘器这些微不足道但必不可少的事情。换个角度来说，这些女性一切正常，他们的伴侣或丈夫对生活太不热心，才是问题所在。

第五章

用一生来互相诉说

父女关系的多样和复杂，更加上它所带来的显而易见的矜持，在很大程度上解释了为何父女之间坦诚交流是如此困难。要谴责保持沉默的文化，也要小心坠入绝对化透明的陷阱，以免把私密暴露在外或过度鼓吹消除秘密的优点。

每个女儿都有自己的秘密，每个父亲都有点神秘感

让我们从父女关系中影响深刻的矜持说起。矜持感让每个人都克制自己的表达，无论是语言还是肢体动作。然而，它在父女关系中所处的绝对优势地位，不是没有来由的。它与父女关系的深层因素有关，也就是保持足够距离的需求，让人思索究竟应该展现什么又必须隐瞒什么。因

此，每个女儿都有秘密，每个父亲都有点神秘感，这都是完全正常的。

在父女关系中，每个人都应该接受对方存在一些阴暗面的事实。它更像是个过滤网、某种让人得以窥视的“虚假场景”，同时保持着足够的距离。父亲和女儿互为对方的谜。弗洛伊德甚至在谈到儿童性心理理论时说，父亲是难解之谜的最佳化身。[1]至于弗洛伊德，谁知是不是女性之谜推动他成为人类心理的夏洛克·福尔摩斯，促使他孜孜不倦地研究似乎无法理解的难题呢?

然而，保持过于疏远的距离，包含一个必须意识到的危险，那就是导致双方形成互不了解甚至形同陌路的关系。不过关系的转变会不可避免地产生反作用：由于某一事物无法接近所激起的好奇心，导致人类总想对这样的事物有更多了解。这种自然而然的反应并不仅仅涉及父女关系，却有很高的概率在这一关系中表现出来。人类的精神天生就是这样，越无法接近的事物，越想一探究竟。父亲不能对女儿保持全然的神秘，反过来也一样，当然这并不意味着一切秘密和神秘都毫无例外要被揭开。[2]

1 Freud S. (1908), «Les théories sexuelles infantiles», in *La Vie sexuelle*, Paris, PUF, 1969.
2 Lévy-Soussan P., *Éloge du secret*, Paris, Hachette Littératures, 2006.

○ 向父亲倾诉的可能性

在20多年里，我见过很多女孩和女人把父女关系视作影响她们人生的根本问题。这些女孩和女人深爱着父亲，却十分渴望父亲能改变对待她们的方式！希望父亲更好地理解她们，能与她们进行更多沟通。同时，我也见过有的父亲很遗憾没能与女儿进行更好的对话。然而父女之间的顺畅交流仍然有希望实现，只要进行某些澄清，就能促使两人之间更加默契！

每个男人都知道，女人喜欢向同性讲述自己的生活，为了博得彼此一笑，也为了放松自己和互相交流。男人不在场的时候，她们不必有身为女人、妻子、母亲或“小女孩”的顾忌，不用想着施展魅力或自我防御的策略。男人有时候要付出高昂的代价，才能知道女人之间谈论的话题。这可以理解，因为她们之间往往是谈论和批评与自己关系亲密的男人。从上学的时候起，男孩之间就开始互相较量，女孩则聚成一个个小圈子，她们之间互相合作、融洽相处、亲密无间而且分享彼此的秘密。不过，她们在一起的时候究竟都在聊什么呢？男人不禁疑惑。她们的回答是，无所不聊——她们的快乐和痴心妄想，她们的痛苦和担忧，她们的渴望，她们的家长里短，她们的孩子、爱情和性……不用说，少不了谈起男人！当女人聚在一起，仿佛一下子打开了话匣子：她们不必担心自己的知心话被人嘲笑、惹人鄙视或引来报复，哪怕并不是知无不言，言无不尽，有时候也会出现某些不信任，但女人之间的交流一直存在。不过如今她们的聊天比过去更加坦率，在共同就餐时，这些闺中好友之间毫无顾忌，畅所欲言。最近有项调查显示，62.7%的女性喜欢“女孩之夜”活动，很遗憾的是这种活动现在不常举行了。[1]

女性之间的情投意合显然也存在于家庭中间。因此，相比于父亲，女儿更容易与母亲分享她们认为属于秘密、女性、私人、伤心或禁忌的事情。然而，虽然女儿并没有选择父亲作为倾诉对象，与沉默寡言的父亲相依为命对小女孩来说仍是一件痛苦的事，因为她无法向父亲倾诉，父亲往往很难向人敞开心胸，倾心交流。这些小女孩长大成人后仍然记得，父亲的沉默让她们如坐针毡，这一点非常重要：童年及青春期女孩需要向父亲倾诉，不是为了向他吐露秘密，而是为了更好地了解他。

笔者在此重申：秘密和神秘性有其积极作用。与父亲相比，女孩需要一个秘密花园，一个她能够安放内心秘密的空

1 www.linternaute.com 网站 2006 年的调查。

间：这是她实现充分发展和独立自主的一个基本条件。不可告人的私密能保障她的心理独立，巩固她的个性自由。在这方面唯一的例外是由保护责任所划定的，父亲自始至终有权利获知可能让孩子处于危险境地的秘密，无论这危险来自个人还是社会，更不用说危及孩子的性命。现在，从女儿的角度来看，她永远也不应该完全洞彻父亲的神秘性，正是父亲身上的这点古怪在某种程度上成就了他的象征性权威地位，而这正是女儿所需要的。这样来看就更容易理解，为什么父女关系能够影响女儿将来与其他男性的关系。关系如此亲近的父女两人，其身份认同却泾渭分明，当女儿长大成为女人，遇到其他男人的时候，父女两人之间的故事将会重新浮现。

○ 向父亲倾诉的渴望

在心理咨询中，我从未见哪个女孩或女人，从来也没有在某一时刻产生过跟我聊聊她父亲的强烈想法。聊起父亲，她们把不能直接向父亲表达的情感向我倾吐：她们的爱、骄傲、愤怒、失望、责难，当然还有羞怯。回忆起家庭生活场景，她们向我讲述她们的故事，那是无法与父亲畅所欲言的。我要说明的是，这些有关父亲的心里话绝不是轻轻松松向我道出的，虽然我作为心理治疗师，从定义上来说是一个中立且善意的对话者。无论是年轻还是不那么年轻的女性，在谈到父亲时都带有显而易见的矜持。当她们提到的事情涉及深刻和无法撼动的痛苦，或是迫使她们回忆起严重危机的时期——另一个孩子更受偏爱、父母离婚、父亲拒绝她们的恋爱对象等——她们自然而然更加欲言又止。谈到父亲，女人的话语总是带着冲动和情绪——很少是某种单纯的感情，而是混杂倾慕和批评、温柔和失望、快乐和愤慨、宽恕和不解。复杂、敏感和随时间而变奏，是父女关系的特点。

笔者在此进行一个大胆的对比。人们时常认为，女性的快感是一种私密内在的体验，她把它放在一个令人无法琢磨的秘密空间，使得男人无法对此进行描述和想象。我们可以进一步推想，女儿的秘密对父亲来说，是不是就像女人的性欲之谜对男人而言呢？我没有确定的答案，然而可以明确的是，父亲对待女儿要像男人对待女人，关注她们沉默无言背后的隐藏秘密，但不能把一切都识破。从女儿的角度来说，她们要找出适当的词句、表现和行为来表达她们的感情和担忧，从而避免父亲把不切实际或不确切的意图、感情或想法施加到她们身上。

○ 同一种情绪，两种不同语言

虽然说女儿不必全然了解父亲，父亲也不必全然了解女儿，但是他们之间也不能像陌生人那样互不了解。这个痛苦而常见的问题、父女互相存在极大误解的现象是如何产生的呢？为什么女儿和父亲都很想更多地了解对方？为什么他们都对未能建立更深厚的父女关系感到遗憾？

父亲的疏离

30岁的玛丽娜将她父亲描述为一个冷淡的男人，感情不易外露，但能肯定他十分喜爱两个女儿。一方面，父亲性格比较内向，“和我姐姐一样”，玛丽娜说；另一方面，自己与母亲沟通顺畅，感到亲密无间，而且比姐妹之间更加亲近。她与现在的男友一起生活两年了，男友也与她父亲差不多性格内敛。有时候，他的内向性格让她感到很恼火。她觉得男友的沉默就是不同意，哪怕心里明白并不是如此。她努力去分辨表象和实际，但她承认有时候并不容易做到。最近，她向母亲抱怨男友无法沟通，对她说：“爸爸和他真是一个模子刻出来的！”母亲对她说，她完全理解而且有段时间也遇到过同样的困境，最后母亲说道：“你知道，你父亲本质上是个感情丰富的人……”母亲翻出一个上面绕着白色饰带的书信盒子，从里面取出一封信，这是玛丽娜的父亲在出差时写给母亲的信。“我从来没给你看过这些书信，尤其是这一封。或许我以前该给你看看，那是我刚刚怀上你的时候……”玛丽娜不知所措地拿起这封信，但还是读了它。除了给怀孕的妻子写下各种甜言蜜语之外，表面上冷漠疏离的父亲写道："你知道我不怎么感情外露，但是在你告诉我这个非比寻常的消息后，我流下幸福的眼泪，不得不掏出手帕揩拭眼睛，老板恰好在场，他不明白我是怎么了。"玛丽娜很高兴自己能读到这几行文字，在一定程度上改变了她对父亲的看法，不过她仍然很清醒："我还是希望他有时能外向一些。多年以来我觉得自己是在一块石头身边长大的。父亲有着顽强的意志力，我很钦佩他，不过他让我对自己的多愁善感心怀愧疚……我承认自己的确经常这样，我是个情绪飘忽不定的人。"

更多的倾听和感情

在心理学上存在一个常见的问题，那就是男性在领会别人的情感方面存在困难。女儿在与父亲的关系中以及女人在与其他男性交往中，都遇到这个问题。男人是不是过于担心自己的情绪？他们是不是在成长过程中接受了一种观点，认为要成为男人必须时刻能够控制自己的感情，绝不流露真情？我还经常听到很多女人说，即使正处于激烈冲突期间，她们仍然为伴侣突然而且出乎意料的情绪爆发感到震惊。突然之间，她们觉得敏感而富有感情的沟通变得可能了，一切重新变得不那么困难，甚至包括他们的共同生活！女儿也会有这样的体验：当她们看到父亲爆发出平时深藏的敏感情绪时，往往激动不已。

从他们的角度来看，一般男性尤其是父亲对一般女性尤其是女儿表达负面、焦虑和忧伤情绪的倾向也十分不适。女性在类似情况下喜欢诉诸口头表达，让男人们觉得索然无味。他们觉得，最好能找到摆脱痛苦情绪的方式（才比较要紧），哪怕这种方式不合时宜。多少女人在我面前抱怨这种典型的男性化的不可理喻和沟通困难！父亲意识不到，当女儿感到焦虑不安时，他们给她传递一种理解和倾听的感觉，同时避免坠入病态般的思来想去，她们会感到多么受用。他们很少想到女儿情绪低落时需要向他们倾诉，反而常常指责女儿大惊小怪、罔顾现实，或是指责她自由任性、从不满意。他们的批评只能加剧女儿内心的苦恼、内疚和羞愧。幸运的是，如今对男女平等的重视正在改变父亲和女儿之间看待彼此的方式，保持差异性——包括情绪差异性——的权利正逐步得到人们的认可。

○ 难言之秘

在女儿和父亲之间，最早出现的、至少也是最早之一的无法言说的秘密，就是两人之间的互相吸引。在青春期及以后，女儿们感到一种无法解释的痛苦，并夹杂着某些慌乱。任何男人、包括父亲在内，都无法完全对女性魅力无动于衷，何况人的魅力有不一而足的面目，远远不仅限于性的吸引。永远受到父亲的支配，是女儿最常出现的抱怨之一，就与这种关系的暧昧性有关。让我们来看看29岁的阿涅丝，她因为爱上另一个男人而离开丈夫。她很害怕把这件事告诉父母，不过原因并不一样。她担心母亲会焦虑、对她不理解、对未来感到忧虑以及失去安全感。至于父亲，她最大的担心是他的评判和失望，虽然她认为父亲能更好地理解她的决定。另外，考虑到可能面临的财务困难，她会需要父亲提供物质帮助。她鼓足勇气向父亲坦白并请求他提供支持时，父亲的反应在她的意料之中，只有一件事例外：他不仅保证会帮助她，还建议她搬到他名下一套空着的小公寓去住。阿涅丝的反应让人惊讶，她拒绝了父亲的好意。她解释道，搬到父母附近住，让她有种再度回到父亲控制下的感觉，这是让她无法忍受的。她过去已经为此饱受折磨。

除了某些特殊例子和个人关系，女儿通常对父亲的操纵感到痛苦。那么，父亲为何非常需要控制女儿的感情？答案不一而足，而且可能同时并存。不管愿不愿意，从正常上来说，父亲首先感到对于女儿可能发生的不快和危险负有责任，因此想要履行认为自己被赋予的保护义务。还有，当前社会文化中虽然父权已经失去正式的承认，但仍旧保存着强烈影响。最后，还有某些不太明显的原因。父亲们是否无意识中产生一种存在性的疑问，也就是对自己作为父亲的身份永远缺乏安全感？他们对女儿的态度是否流露出对“女性”的不信任？因为女儿正是“女性”特质的一种特殊体现形式。人类学家弗朗索瓦丝·埃里捷（Françoise Héritier）指出，所有的“女性”定义都以否定句型来表述——“女人不能……”“女人没有……”，等等：她认为，其中意味与其说是“女性的不利条件（懦弱、身材矮小、怀孕和哺乳的麻烦）”，不如说是不拥有生育能力的男性对“控制欲”的表达。[1]让·库尔尼（Jean Cournut）基于精神分析提出了更进一步的解释，他认为：“男人控制女人生育的需求只是他们对女人抱有深层恐惧的一个额外迹象，他们害怕自己无法理解、无法想象……性欲—母性这一机制的运转模式[2]。”

每个人都可以完全自由选择这些解释，或者全都不予接受。然而，再回头看看阿涅丝的例子，可以发现父亲对女儿表露出了一种无意识的动机：“靠近我，我才能控制你的所作所为。”如果阿涅丝为了另一个她爱上而且为他怀孕的男

1 Héritier F., *Masculin/féminin. La pensée de la différence*, Paris, Odile Jacob, 1996.
2 Cournut J., *Pourquoi les hommes ont peur des femmes*, Paris, PUF, 2001.

人而离开丈夫，那么父亲的潜在动机就更加具有说服力。如果说这位父亲对女儿的控制欲表面上是出于值得称许的考虑，是为了保护她，那么他难道不存在另一种更加晦暗不明的动机，即控制他所不拥有的生育能力？

对话的困难

如今，父女之间的难以沟通已经得到各种研究证实。随着女儿的长大，这种困难日益加深。“他不理解我……”“他从来都没有时间。”“我们的关注点太不一样了！”“他嫉妒我的男朋友们！”当女人提到青春期时，我时常听到这些话。实际上，从青春期开始，女儿就意识到与父亲缺乏沟通，并为此指责父亲。是不是因为她们这时候个性更加鲜明，因为她们对人际关系有了更清晰的洞察，还是因为她们对于与父亲谈话也感到局促不安，因此把自己的困难照搬到父亲身上？无论如何，面对交流的困境，青春期女孩只好把问题留给自己。有时候，父亲意识到有些事情不对劲，为了让她们坦白，会用一种粗暴拙劣的方式询问自己感到忧心的问题。由于一无所获，他们就断言女儿存心作对或心存敌视，并且为此非常生气，结果他们就此放弃。作为呼应，青春期女孩自我封闭起来，更加觉得自己不被理解。这就导致恶性循环。

然而，笔者在此大声强调，务必抛弃父女之间无法对话的成见，但要承认对话存在困难，以期更好地解决问题。在女儿与父亲之间，对话的真正障碍是两人都以自己的感觉和想法来揣度对方，却不肯好好判明其真实性。不一定要对对方彻底了解才能去爱，放弃一切交流同样是不可能的。女儿对待父亲是这样，父亲对待女儿也是这样。

○ 父亲为什么害怕女儿

在某些情况下，有的男人对某个女人感到害怕，而所有男性对女人都存在一种固有的害怕：对于“女性”，也就是另一个性别的晦暗面感到恐惧。笔者在此想说的正是这种对女性的恐惧，借用查拉图斯特拉遇到一位老年女性时说过的话：“女人的一切都是谜。”

害怕女性成分

即使今天，大多数男性都不喜欢扮演母亲或女性的角色，从普遍流行的刻板印象上来说，也就是居于被动和受虐的地位。这是颇能说明问题的。他们本能追求的是阳刚、主动甚至带有一点施虐色彩的地位。女人很了解男人的想法，而且明智地配合他们的行为特点，并从中获得最大好处，然而娴熟运用这种手腕需要丰富的经验，小女孩或少女只能逐步积累。

男性有意或无意、清楚或模糊地拒绝居于女性的地位，其原因有很多。最常见的解释是他们拒不承认自己内心感受到的女性化成分。在这种女性化成分中，很多男人都存在消极被动和受虐心态，这些心态绝非女性的专属。更严肃地来说，要给女人的特殊性下定义的话，现在更多强调情感表达、对话和倾听的能力，女人在人际关系的处理上较倾向于求同和协调，不喜欢划分等级、追求支配权或公开对抗。换言之，男性如果流露真情、寻求妥协，而不是把自己的观点强加给别人，就会害怕自己不够男人，是受到了女性世界的诱惑。

对于在女性事物面前的恐惧感，另一个经常提到的解释是，男性尤其是父亲需要控制乱伦恐惧，或更广泛而言，控制性虐恐惧。1912年，弗洛伊德在其著作《爱情心理学》中提出一个结论：男性要想获得幸福而自由的爱情，他必须“克制对女性的尊敬”并“习惯于与母亲和姐妹的乱伦表现”。从这里可以看到精神分析之父偏爱的理论之一，也就是在全体人类中间，“原始”的爱情生活受到了束缚，以利于人类和文明的发展。弗洛伊德认为，这种束缚不可否认，应该得到承认和接受，从而最终实现超越。从这一理论延伸，父亲应该接受自己时不时地会对女儿产生意淫幻想，最重要的是避免付诸行动，同时也要避免过度抑制。如果过度抑制，他们将付出沉重代价：对自己实现侵犯性控制的幻想充满无限恐惧。

“我不想让女儿成为贱货”

14岁的安娜在父亲的陪伴下来进行心理咨询。她度过了一段严峻的危机时期，总是恐惧而且拒绝上学，并怀有失控的愤怒。一段时间以来，她与两个弟弟在一起时都极易冲动且极具攻击性。她的父母想弄清楚怎么回事，他们想出很多原因，她都一个个否定了。一天晚上，父亲下班回家，抱怨某个女合伙人，安娜突然使劲打他，指责他和别人一样，不过是个“混蛋”。然后她哭起来，显然是因为感到愧疚。这次过于明显的情绪爆发使得她第一次能向父母解释自己痛苦的原因。她告诉父母，自己疯狂爱上一个比她大两岁的男孩，这个男孩对她很恶劣。这个男孩告诉她，他也爱她，却突然为另一个女孩抛弃了她。这是她首次坠入情网，而且一直无法放下。她知道这种情况并无特别之处，但第一次爱情受挫对她来说是一场悲剧。

不寻常的是，向父母坦白并没有让这个青春期女孩感到释然，正是在此背景下，我见到了她和她父亲。安娜非常冷静地告诉我，她无法放下这个男孩，不停地想他，无法长期忍受下去。这句话让我感到担心，害怕她对自己或情敌采取激烈行动，我向她父亲解释，我明白他的焦虑。然而此时这个男人坦言他还有别的担心，并当着女儿的面对我说："坦白来说，我之所以想让女儿与你见面，是因为我不想让她变成个贱货，这正是我所担心的！"我对这句完全不恰当的评价非常吃惊，甚至深感震惊。当这个青春期少女经历生命中第一次剧烈的爱情悸动时，父亲却把她的感情爆发视为威胁，他不经意间暴露了自己对女人及女人的性所持有的观念和态度，也透露出他对女人包括自己女儿的恐惧。

女儿本质上有异于父亲

惧怕是一种排斥，更是一种赞赏，因此男人很可能倾向于赞赏女人，同时企图支配她们。父亲在面对女儿时也存在双重情绪。他们认为女儿是自己血统的代表，然而显而易见她们无疑也拥有母亲的基因：母性基因造就了她们的女性化和性别差异。

所有差异都不是毫无意义：它的作用在于造成隔阂，同时因为无法消除而更加让人感到困惑。[1]一切与他者的交会都会使人们与这种差异扯上关系，并揭示了人之所以为人的秘密，不管是在好还是坏的方面。由于差异的多重性涉及性

1 Cournut J., *Pourquoi les hommes ont peur des femmes*, Paris, PUF, 2001.

别、年龄、世代和地位等，它所引发的反应可能更加剧烈。对于父亲来说，女儿显然是上述所有差异的集大成者，哪怕她仍然是自己生命的延伸。

此外，众所周知在所有人身上，现在都包含着一部分过去，总会有某种事物重复出现。若把生活比作一本书，虽然我们大多不了解第一章的内容，然而在成长过程中我们总会产生重寻逝去时光的渴望，希望重逢我们真实的童年、理想中的童年或意识中的童年，并细品其中滋味。每个人就是这样建立自己的回忆和怀念的。当父亲看到儿子，借助他自己小时候说过的话、过去曾经拥有的兴趣和自己父母做出的评价——“他真像你啊！当年你也是这样……”——他在自己的想象和记忆中再度沉浸于童年。然而女儿不管在外貌和性格上多像父亲，永远不可能是曾经的父亲。这个想法占据了他的头脑，甚至可能会加强如下这种典型的负面评判：“不管怎么说，我永远不可能理解她，因为她是个女孩！”

○ 女儿为什么害怕父亲

从小时候开始，女孩就面对小男孩——她们的兄弟——和父亲所代表的男性世界。她们必须很早就与这些有点儿陌生的人打交道，后者总是希望与女孩多保持一些差异而且确实是这么做的，她们很快就学会如何处理、化解或避开这种对立，运用某些策略让男孩哑口无言或敬而远之。她们虽然本能认为父亲也属于这个把她们视为外人的男性世界，但感觉父亲毕竟是她们的父亲，希望他不会因为过于雄威而让她们感到恐惧。

我父亲这个陌生人

本节对害怕父亲的两个主要原因仅进行简略回顾，因为在本书中已经大量探讨此问题。一方面是社会或配偶所赋予他的地位——父亲必须体现象征性权威，必须守护界限，对抗越界行为……另一方面，他又是男性的代表，有着陌生、相异以及有时令人难以忍受的一面，而父亲的苛求和好斗可能会明显激怒刚刚上学的女童、青春期女孩以及长大后的女人。不过，我们在此必须强调，女儿务必超越对男性的恐惧，这是为了避免将来过于压抑自我，或是反而对所有男人产生报复想法，导致自己不堪重负、消极沮丧。

学会认识彼此

女儿需要认识父亲。她不需要了解一切，不需要照亮每一处阴暗，但她无疑在一生中的某一刻会产生强烈的互相交流和获得承认的想法。让我们再来看女演员简·方达和亨利·方达的感人故事。很神奇的是，电影有时是生活的如实反映。简·方达曾经与父亲一起出演电影《金色池塘》，这部电影表现了父亲诺曼和女儿切尔西之间的关系困境，父亲沉默寡言，女儿则满怀怨怼。

在这种情况下，谁应该迈出第一步？在这部电影中，切尔西的母亲告诉女儿，孩子应该在某一时期走向父亲：“有时候要专心地看着他，告诉自己他已经尽力了。”现在我们来看切尔西与父亲诺曼之间的对话：

“我要和你谈谈，爸爸。”

“好啊，你有什么麻烦吗？”他语气傲慢地问道。

“我觉得……我们或许可以试着正常对待彼此。”

“正常？什么意思？”诺曼冷淡地回答。

“像父亲和女儿那样。你很清楚。”

“你担心我在遗嘱里写什么，嗯？别担心，除了我这副老骨头，我把一切都留给你了。”

“我什么都不要……只想……别人说我们两个一直生对方的气。”

“我从来不这么认为。我只觉得我们以前感情不怎么深。”

“我想做你的朋友。”她一边说一边握住诺曼的胳膊。

简·方达说，她每次读剧本读到这一段都忍不住泪流满面：“我将在摄像机前对父亲说出在真实生活中从来不敢对他说的话。”

多少女人在经历艰难的父女关系后，都渴望能向父亲坦诚地说出真心话，归纳为一句话就是实现和解！要找到和解的途径，方式并不唯一，而且有赖于两人的性格、过往以及周围的人是否支持他们和解，等等。或者直接告诉他，如果他并非无法接近；或者写信给他，因为文字既能保持距离和冷静，又能更容易地吐露真情；也可以让某位亲友作传话人。这些方法都可以拉近与父亲的关系。一方面，女儿有可能修复与父亲的关系，只要她鼓足勇气走向父亲，告诉父亲她如何看待自己的过去，以及她埋藏内心无法倾吐的期待和失望。另一方面，父亲要准备迎接这迈向他的第一步。如果他接受女儿的主动，女儿和父亲都将如释重负。一切误解很难迎刃而解，然而和解之路将就此畅通。

彼此之间更好地理解、认识和沟通

我建议纵览女儿及父亲的整个关系历程，有助于考察在女儿从小到大的成长过程中那些幸福和不幸的父女关系。这个历程也能够让人理解沟通不足所引起的不满以及双方互相保守秘密的原因。纵览两人的关系，目的显然是促进女儿和父亲之间的更好沟通。顺畅沟通的唯一方式就是互相信赖并且接受对方与自己的想法不同。心理学家路易·帕雷

（Louis Parez）多年来主持多所“父女工作室”。他认为，在如今做一个好父亲首先要付出真心。我凭借30年来积累的有关父亲与女儿的心理咨询经验，只能部分地认同这种观点。原因何在？

女儿如果能够明确地观察到，父亲拥有与母亲一样的温柔和情感以及与此不同的另一种气质，也就是传统的威信和权威——哪怕她只是模糊意识到父亲的这些特质，显然也总是对她有意义和有益的。然而这并不是说父亲应该过于亲密地扮演伙伴的角色。如今，很多女儿还有母亲都抱怨父亲过于亲密，尤其是在父母轮流实施监护权的情况下。父亲和母亲是平等的，但并不是事事雷同。父亲当然可以与母亲一样展现温柔和流露情感。夫妻两人甚至可以互相协调和避免竞争，赢得孩子的温柔相待。提起温柔和情感，人们很容易联想到色与性的问题，因此两人之间的共识更显重要。然而人人都认为，父女关系应该在这一层次上剥除一直可能存在的暧昧性。乱伦幻想及其隐含的暴力倾向是每个人头脑中无法消除的危险。困难在于，生活中的暧昧不仅在于人们容易想到的色情和性暧昧，其实在人们不容易想到的一切人际关系中都存在感情暧昧性。整个父女关系的情感层面尤其如此：感情的暧昧、个人利益的暧昧、每个人地位的暧昧、对立的暧昧、默契的暧昧、给予第三者（这里指母亲）地位的暧昧。雷茨枢机主教[1]曾有一句名言：“只有打破暧昧，才能走出暧昧。”我借用这句话来说明父女之间的关系：“只有损害沟通的真实性，才能否定永远可能存在的暧昧。”如果父亲认识到，父女关系在女儿眼中比在他眼中更显复杂，同时女儿认识到恰恰相反的事实，则有助于改善两人之间的沟通，这确实让人感到费解。这就是说，双方要把感情和对相互关系问题的认识结合在一起，才能增进相互的理解和认识。

○ 理解女儿

父亲想要很好地理解女儿，并不总是那么容易，这是女儿需要弄清楚的一点。然而，某些经常遭到谴责的拙劣行为和错误，是有可能提早警惕的！

不要以女儿的立场来考虑

女儿并不希望父亲从她的立场来考虑问题，但是她希望得到父亲的关心和理解，并且无论女儿年龄多大他都能抽出时间来听她倾诉。小时候，她希望父亲对她的游戏感兴趣，知道她幼儿园老师的名字，知道她到底几岁了，接受她的腼腆和生气，同时不要放任她情绪泛滥。到了青春期，她需要

1 让－弗朗索瓦·保罗·德贡迪（Jean-François Paul de Gondi, 1613—1679），雷茨枢机主教，法国政治家及回忆录作家。——译者注

父亲接受她拥有一个无话不说的闺蜜，承认这是完全正常的“女孩的玩意儿”，最重要的是，接受她每天给这个闺蜜打一小时电话。再大一些，当她成为一个倔强的青春期女孩的时候，她希望父亲理解，她喜欢取悦别人，她和女性伙伴们一样，崇奉某些美丽的标准，因此才不断抱怨自己的“体重问题”或把大量时间花在盥洗室里！当她成为一个年轻女人，她希望父亲信赖她的爱情选择，或者不带评判地说出他的想法。再后来，女儿希望父亲不要在教育子女方面对她指手画脚，而是支持她，认真倾听她作为母亲的烦恼。

像对儿子一样对她不吝关注

笔者在本书中多次提到，女儿喜欢被作为女孩对待，不过她们也希望在人生道路的指引上，能够得到与男孩一样的支持和鼓励。如今，女孩对于学业成功和职业成就抱有与男孩相同的期望：虽然在家庭和感情上她们喜欢坚持自己的不同之处，但是在课堂、学业或事业上，她们追求真正的平等。父亲如果想在这方面满足女儿的期望，就一定要领会这个合理的诉求。从这方面来说，某些男性仍然需要做出巨大努力，改善自己的表现。比如有些父亲往往因为女儿是女孩而不相信她们的能力。然而，当今社会日益成为一个服务型社会，并十分看重女性的价值，比如语言、协调、合作和敏感。不仅在文化和教育领域，在经济领域也是这样。父亲应该对女儿和儿子的社会成功抱有同等期望。

理解她的日常行为

女儿的品位、兴趣和表现都透露出自己的女性特质，并因此与母亲更加接近。这些女性特质对父亲不无吸引力，但也可能激怒他。小女孩或许想给父亲展示母亲买给她的新鞋，因此跑来打扰他看报纸。年龄渐长，她可能想看浪漫电视剧，因此需要在播出球赛时占用电视机。有个青春期女孩曾经告诉我，她完全不理解父亲大发脾气，就因为看到她每天都给母亲的办公室打电话闲聊；父亲还无法理解，她们晚上花几个小时浏览购物网站，就为了发现值得买的东西，不是“第15双”鞋，就是“流行款”短袖衫。“然而，”这个少女带着一丝辛酸的语气说，“当我摆放餐具、收拾餐桌、帮妈妈整理碗碟的时候，他总是一言不发。当我喊他过来搭把手的时候，他没有任何反应。”

这番话中含有女儿在日常生活中对父亲的几个主要不满：缺乏尊重、认为她们关注的某些事情“无足轻重”——衣服、外貌、名人和对女性朋友的关心等等——以及很少参与家务，尽管30年来男人已经取得了很大进步，但在家务方面仍然需要付出更多努力。如果女孩有兄弟，她会特别敏感是否每个孩子都遵守共同规则，以及父亲对于在浴室拖拖拉拉或忘记收拾房间的男孩是否表现出更多宽容。在她看来，举止端正、彬彬有礼和充满责任心这些品质是每个孩子都需要的，并不应该仅仅针对女孩。

理解她的情绪

女孩们的另一大不满在于情感方面。很多女孩抱怨无法跟父亲沟通事关感情的问题。然而科学已经证实，情绪不仅在创造性上，还在预感和智力方面发挥重要作用。幸好今天的父亲大多并不像他们的父辈那样内向，然而某些男人仍旧抱残守缺，认为流露感情是懦弱表现，看到女儿情绪爆发便不知所措和局促不安：他们通常把对付这种局面的责任交给母亲。14岁的克里斯泰勒能够证明："父亲一看到我哭就受不了！他总是一言不发离开房间！或许他不能接受我这种表达方式。不过，哭一场会让我感到好受一些；我需要哭泣，就像我需要和朋友在一起开怀大笑一样！"

女儿和父亲的表达方式不同，因为两人之间不仅存在年龄差距，还有着不同的情感文化背景。但如果以此认为父亲和女儿不能分享相同的情绪，就很荒谬了：快乐、生气、不安和伤心并不专属于男性或女性。不过父亲和女儿应该明白，男性和女性在表达情绪方面，尤其在表达痛苦情绪上，方式是不一样的。比如在父母闹离婚的时候，女儿会用伤心啜泣表达她害怕被抛弃的心情，这会让父亲尤其感到忧虑不安，因为他通常觉得自己要对此负责。男孩则用另外的方式表达这种情绪，他在学校里惹是生非，回到家便把自己关起来。女孩比男孩更容易表达伤心的情绪。父亲看到女儿流泪会有负罪感，尽管他的第一反应是表现得无动于衷或言语生硬。即使对方的表现方式有所不同，但是体会对方的情绪有助于打破很多僵局。理解每个人如何表达感情，认识两性之间的固有差异对于共同的幸福生活至关重要。直到今天，父亲仍然可能误解女儿的想法：他们感受到的情绪拉近了双方的距离，然而他们的内心体验尤其是各自的表达模式又让他们互相疏远。不过，父亲有能力为女儿设身处地考虑并察觉她的情绪和反应：如果努力去破译，他是能够体会和认同她的。这正是女儿对他的期待。

信赖女儿

正如父亲需要女儿的信任，女儿也需要得到父亲的信赖。人的信任不仅会传染，还会产生镜像。除了把管理自己生活和日常活动的责任交给女儿，父亲还应与女儿交流那些令他感兴趣的“严肃主题”，比如他亲身感知的情感以及他所维护的价值观。

在女儿还小的时候，学业情况就是最佳的交流领域。对女儿学习和成绩的过分关注甚至监控，将导致事与愿违的结果，影响她的学习和自尊。人们往往忽视，自信是成功的基础。越是不信任孩子，孩子就越是缺乏自信，甚至在面对别人和父母的时候完全丧失信心。我曾经针对母子关系有过相关论述，这些论述完全适用于父女关系。我接待过很多父母——越来越多的父亲——他们的女儿学习成绩在一年内大幅下滑。父母在焦虑的驱使下前来进行咨询，在此之前他们通常已经导致了整个家庭产生不安的氛围。与男孩不同，女孩不一定对约见"心理医生"产生逆反情绪。不过她和男孩的想法一样："不上学就万事大吉。"父母通常同意这种判断。面对这种情况，想找到解决办法就需要与女孩面对面沟通，她自己也表态愿意再次努力。在父母的同意下，我会与他们的女儿达成协议："我信任你，你再努力一把，但是你要答应下学期结束后再来见我一次，看看你有没有遵守承诺。如果你信守诺言，就不用再来见我了；如果不能，那就说明你存在某些障碍，你父母希望我约见你是很有道理的。"从来没有哪个孩子在这种情况下拒绝我。

我们从中可以得到什么教训？希望看到女儿产生自信，这种想法是正常的，但是如果情况需要，与她达成一个明确的信任协议，会让她更容易产生自信。如果这个方法不奏效，说明她的自信心遭到严重破坏或问题已经升级。这种方法和结果暴露出孩子——这里是女儿——对父母尤其是父亲有何期待。面对此情此景，相对于儿子，父亲更容易对女儿产生信任。在孩子的学习方面是这样，在其他领域以及孩子长大以后仍然如此。在生命的艰难时期，女儿总会去寻求父亲的信任，哪怕她已经长大成人。父亲明白这一点很有必要。

在她痛苦时给予理解

当女儿深感痛苦时，她希望父亲像母亲一样理解她。痛苦在她身上更易表现为头痛、腹痛、各种身体不适、暴食或厌食等极端饮食行为，或是表现为明显的焦虑忧愁情绪。不过她更愿意把自己的忧伤和焦虑告诉母亲，因为她通过直觉或经验知道，父亲不怎么喜欢她倾吐心事，他甚至对此心存畏惧，原因出乎意料，是因为父亲会被女儿的心事深深触动。

女孩和男孩一样，可能通过外化行为来表达自己的痛苦或不适，如言语或身体的侵犯、持续的愤怒或对立，此外还有吸毒等青春期危险行为。有所谓“不要命”的女孩——她们在别人眼中往往是假小子——正如也有畏缩怕事的男孩。然而，如今这些外化行为主要存在于男孩而不是女孩身上。

当然这并不是说女孩遭受的痛苦较轻。随着年龄增长，这些行为的发生率的演变不尽相同，性别之间的差异往往在青春期趋于显著。

为什么青春期女孩受危险行为的诱惑较小？不算少见的自杀风险除外。对于她们不太倾向置自己于危险之中的事实，有着多种解释。毫无疑问，女孩不容易冲动，顾虑较多，采取行动时喜欢深思熟虑。她们不像男孩那样盲目听命于诱惑。显然她们也更乐意接受成年人尤其是父母的陪伴。她们较早地形成了良好的表达能力，能够与他人分享自己的感想和情绪，这对她们很有帮助。

女孩似乎在追求与男孩不同的感觉，一个明显的例证是她们排遣烦恼的方式。当她们感到烦闷无聊时，会找个熟人聊天，给闺蜜打电话或沉浸于阅读，而男孩则更喜欢实际行动。个人与内心的关系依性别而不同，不正常的饮食行为就是一个证明，这种情况发生在女孩身上的情况远多于男孩，它主要在体内而非体外激发某些感觉，而且往往是由心情烦躁所引发。女孩似乎更能理解当前情况和冒险行为的危险性。从小时候起，她们就比男孩表现出更强的能力，能够在特定情况下考虑到全部既有因素。因此她们更善于评估某一行为的危险性，这可以解释为何她们拥有较强的“预感”。

因此也容易理解，为什么女孩，尤其在青春期，更多地把痛苦表现为焦虑、恐惧和忧伤等情绪，而非存在暴力性的危险行为。当然不仅两性之间，同一性别内部的差异性总是更值得注意。

理解她的诉求

女儿希望，即使她不直截了当表达出来，父亲也能理解她的诉求：她把赌注押在父亲的直觉上。前面的章节已经探讨过女孩在不同年龄段的渴望和忌讳。女孩并不像男孩那样追求手握权柄、强大无比。她处理冲突的方式有所不同，因为女孩支配别人的欲望通常隐藏得很深，她能看到对抗的建设性作用。然而，惹她生气的不是竞争、对抗或不择手段取胜的欲望，而是不被重视、不受倾听，或者感受到男人甚至父亲对女人的轻视。显然像男孩一样，如果父亲对她表现得不信任或认为她能力不足，她会受到伤害。她可能不会对此做出激烈反应，但是将深受其影响，如自信心可能遭到动摇。多少女孩在多年后仍然念念不忘，父亲的一句话、一次支持或拒绝是如何让她深受鼓舞或倍感伤心的！

显然更为重要的事情是相信自己，而非总想不加甄别地接受别人的评价。男孩通常需要别人不断而明确地肯定他们的价值，女孩则更需要避免别人显出某些轻视的迹象，导致她们认为自己毫无价值。她们最希望从父亲那里获得的，就是清除她们的疑虑，而不是不断“重复”她们的价值，后一种做法可能使得女孩怀疑父亲在故意引诱她。女儿永远期待父亲对她表现出温柔而适度的支持。

初次感受爱情的悸动，导致女人和男人之间贯穿一生的差异。在爱情方面，女儿仍然希望父亲适度了解她的隐秘情感并尊重她的谨慎和秘密。每个父亲都知道女儿内心充满爱情的兴奋和性的欲望，哪怕她并未透露出来，但父亲务必避免一切涉及性事的不当暗示，也不能试图对她进行不间断的监督。在青春期，女孩不喜欢说出自己的第一次性关系，面对自己的父亲也是如此——只有26%的女孩会这么做。在青春期及以后的阶段，女孩最期盼的是，父亲并不想了解她们的一切所作所为。

与其对孩子的行为施加过多控制，父亲更应该了解，导致性行为的想法而不是性行为本身造成女孩和男孩的不同。大多数女孩因为爱而产生性行为（60%）。接近一半的男孩——父亲靠自己的亲身经历就能证明——则是因为女性魅力或自己身体上的欲望：只有38%的性行为与爱情相关。可以理解，父亲担心女儿交往的是不尊重她们的男孩：他们过去往往就是这种男孩。然而要注意，在有关青春期男女的感情生活的调查中，“感情因素”始终发挥重要作用和占据优势地位，即使在男孩中间也是如此。[1]在青春期，女孩会对确立恋爱关系感到安慰，这种关系让她能够探索对方，分享新的兴趣并且尝试完美的性事。通过爱情关系而完成一整套转移、代替和摆脱的心理进程，其中最重要的是与父亲有关的心理转变。如果从中得到的快乐足以绰绰有余地补偿童年的丧失及最初的忧虑，青春期女孩就能够在爱情关系中“游刃有余”，性行为将是幸福的结果。

长大成人后，女儿仍然渴望父亲在爱情和私生活上给予她同样尊重。她将因为自己挑选的意中人而绽放，他们彼此相爱，而且他让她感到安心。这一关系甚至可能让她从与父母或明或暗的冲突中脱身。父母必须接受这造就女儿幸福的独立，哪怕他们有被排除在外的感觉。

父亲必须明白，孩子总有一天会拥有判断能力和形成自己的观点，并对别人提出批评和评判。这可能让人感觉不太舒服，但事情就是如此：在成长过程中，女儿也会以挑剔的眼光看待父亲。在这方面，女孩和男孩的做法不一样。女孩

1 1987 年，他们中间有 85% 的人认为“爱情生活”是一种值得期待的“现代”行为（BVA-Le Monde 及 NRJ 联合调查，1987 年 9 月）1996 年，87% 的女孩和 70% 的男孩认为他们爱自己的伴侣。

对于表达观点通常更加谨慎，她们会不紧不慢地提出一点批评。男孩则采取争执和挑衅的方式，有时会做出过分和失当的评判。然而无论采取哪种路径，想要获得独立，每个孩子都需要抛弃父母树立的无与伦比和长期膜拜的榜样。这一心理进程萌芽于青春期，并在之后的不同时机一再重现，尤其是当他们面临人生抉择，无论友情、职业还是感情抉择之时。

16岁的少女科拉莉在校医的建议下找我咨询。她正在念高二。几个星期以来她十分紧张焦虑，睡眠越来越差，上课时无法集中精神。她认为自己的不适与一次重要事件有关。几个星期前，她遇到一个大学生，这个男生比她大，是来给她弟弟辅导数学的。她对他一见钟情而无法自拔。然而在他面前，她感到自己手足无措。这个男孩发现她不对劲，问她究竟怎么了，是不是有什么心事，她不知道该如何回答。科拉莉设想了很多场景和方法向他吐露心声，但结果什么也不敢做。最后她开始觉得自己只是单相思而已。她经历着可怕的绝望时刻，却没有向家人吐露一个字。她不想让弟弟知道这件事，担心他会像往常一样嘲笑和戏弄自己。她差一点儿向母亲坦白，但又觉得和母亲没有亲密到倾诉如此隐秘心事的程度。在家里她最信任父亲，从小就是这样。“以前确实如此。”科拉莉叹了口气改口道。自从她陷入相思之苦，就不再像以前那样跟父亲畅所欲言，而且对此感到很难受。她觉得自己无法像以前那样看待父母了。她说：“他们仿佛一下子成了寻常人。他们普普通通，没有使不完的锦囊妙计和说不完的连珠妙语，也会做出错误判断或别的什么……甚至父亲也不再是我最钦佩的英雄，就是这样……”

像很多少女一样，科拉莉曾经把父亲捧上神坛，但她这时正在把父亲拉下神坛，这一过程让她感到心惊胆战。她承认，宁愿一切恢复原状，但也明白不可能一辈子把父母尤其是父亲理想化。很久以来她都希望自己能像父亲一样，甚至从事相同的律师职业，但是现在她开始困惑。这个少女开始遭遇理想化的爱情，同时觉察到作为子女的失望，这绝不是偶然的巧合。她的沮丧与感情转移有关：父亲的理想化被投射到另一个人身上。这个进程不足为奇，你方唱罢我登场，不同的人都可能被轮流捧为偶像和榜样，但在深厚的感情层面，每个人只能有一个崇拜对象。父亲被倾慕和理想化的时期结束后，自然轮到“爱人”了。当科拉莉陷入对另一个男人的爱情中，就疏远了父亲这个榜样，把保护者或值得赞美和爱的形象转移到她所认同的对象身上。

在这个时期，父亲至今一直扮演的男性模范形象遭到了质疑，他们无法轻易接受失去这一形象。然而他们若想保持与女儿的联系，同时改变对她的支持方式，就必须接受这一事实。成长并坠入爱河的青春期女孩明白自己身上发生的深刻变化：她抛弃了整个童年的想象，不再把父亲视为求助对象，她在一定程度上摆脱了父亲的关注和监护。突然爱上一个男孩——本质上是另一个男人——往往会引爆这类的个性解放危机。

在人生的此刻，少女失去了昔日的坐标，对于自己新的存在方式还没有把握。她的判断力不准，她的言谈举止没有分寸，特别是针对如今已被抛弃的旧日榜样——她的父母，更不用说从前的偶像父亲。她曾经长期满足于“父亲的小女儿”的地位，今后却希望表达自己的想法，哪怕她并不十分清楚自己的真实想法。父亲可能把她摆脱束缚的愿望当成挑衅和有时而难以“忍受”的“言辞放肆”。即使父亲有时需要付出代价，也必须明白父女之间拉开距离是必要和有益的，因为这是为女儿的长大成人留出空间。在关系紧张时期，父亲能够表现得平静而理智尤其重要，因为这样才能给女儿留下一个父亲的完美印象，让她心里暗自说：“父亲到底是理解我的。”

懂得倾听

在女儿小时候，父亲虽然很想安慰女儿，却往往不知道该如何做，便把这个责任拱手让给母亲。当女儿长大后，她展现了自己的独立性，开始直截了当抱怨父亲，责备他不尽心，没有尽到应有的责任。这样的指责会让父亲感到难以接受，因为他其实希望交流，只是在等女儿采取主动，向他靠拢。这种做法本身不算糟糕：我有时听到一些女孩说，她们与父亲的沟通比与母亲更加顺畅，因为母亲总是对她们问来问去。不过大多数情况并非如此。

大多数女儿希望从父亲那里获得的倾听到底是什么？虽然她们不希望父亲在她们一流露出焦虑忧伤的情绪时就急忙奔向她们——而且她们觉得自己在父亲眼中不够坚强，因此很容易心怀愧疚——然而她们仍然非常希望自己的情绪得到理解，特别是她们的困惑和痛苦。她们希望与别人分享自己的所见所想。而许多父亲确实没学会如何与人分享自己的痛苦情绪，他们通常都把它闷在心里。然而，若能发现自己的感想并未超出人们的一般经验，女儿就可以毫不羞愧地向他人坦白，甚至包括这个她们既倾慕又保持着疏离感的父亲，这无疑会让女儿更感安慰。所以父亲要明白，身份和光环可以让他提供宝贵的救助。他应该为女儿提供可贵的倾听。

随家庭组成情况而不同

家庭组成是理解父女关系的重要因素。家里只有一个女孩还是多个女孩，父母中的一方或双方是不是后悔没有儿女双全，父女关系的性质和关系都会发生变化。

● 独生女家庭。独生女与父亲的关系为某些震撼人心的小说提供了素材，例如巴尔扎克的《欧也妮·葛朗台》，它讲述了孤独的女儿面对一个专横吝啬父亲的不幸故事。在现实生活中，独生女的身份有时也让人难以承受，玛丽·波拿巴[1]的命运就是很好的证明，她的父亲在24岁时就成了鳏夫，而她作为独生女深爱着父亲。父亲与她聚少离多，是个十分稳重的人，还遗传给她无穷的求知欲。作为希腊及丹麦公主、拿破仑的侄曾孙女，玛丽·波拿巴后来成为弗洛伊德的分析对象并被他称呼为“公主”，她把精神分析之父的一些著作翻译为法文。1938年，弗洛伊德还是在她的帮助下才能离开奥地利前往英国。

我时常看到，相对于在其他家庭结构中成长的女孩来说，独生女在青少年时期往往以更加剧烈的方式倾注于某项活动。她们显然精力充沛并且渴望成功。这是不是与父亲的特殊关系所造成的结果？独生女肯定存在与同龄女孩相同的问题，但也有自己的特殊问题。在童年时期，她们获得无须

1 玛丽·波拿巴（Marie Bonaparte，1882—1962），也称希腊及丹麦公主，法国女作家和心理分析学家。

分享的无限疼爱。这份爱来自父母双方，不过我们已经看到父爱在女儿成长中的至关重要作用。作为独生女，女孩不必面临兄弟姐妹之间的竞争，有人或许会说，并不完全如此。她唯一的对手是母亲或继母。

独生女时常表现出来的成功渴望和充沛精力，无疑部分上得益于她独享父爱。当她必须与父亲——他只有这个女儿可以指望——拉开距离的时候，硬币就翻到另一面。父亲无法接受女儿的离去，女儿也对疏远父亲深感愧疚，因为父亲无法把爱倾注给另一个孩子，这种困难和负罪感会强烈袭来。在较罕见的父亲独自抚养独生女的情况下，这种担忧心态会更加强烈：当女儿是父亲的存在理由时，女儿怎能忍心离开父亲？情感的回应方式很复杂。相较于其他情况，父女之间更需要真诚而勇敢地交流彼此的困难感受。

● 只有多个女孩的家庭。在《李尔王》中，莎士比亚描写了父亲有时对女儿的爱会产生很大误解。考狄利娅是几个孩子里最沉稳的，虽然她深爱父亲，但父亲并不了解。然而，女孩群体内最明显的特征通常在于较倾向合作和融洽[1]，竞争虽然并不少见，但多是暗中进行，而不是明目张胆——

1 希薇·泰丝特在小说《三姐妹》（*Les Trois Sœurs*）讲述了三个姐妹的故事，父亲在她们的头脑中无处不在，在她们的生活中却无处寻觅（Paris, Fayard, 2006）。

这与男孩群体存在的明显性竞争不同。父亲总是对拥有几个女儿心满意足，但他有时弄不清她们为何团结一致或互相敌对。更常见的情况是，父亲对女儿们在女性时尚上的共同兴趣总是目瞪口呆，哪怕他竭力尝试阅读客厅矮几上成堆的女性杂志，也往往是最终一无所获，同时女孩们在浴室里因为牙膏管堵塞或是有人不经允许用光洗发液而不停产生口角，也会让父亲感到十分讶异。最终当女儿们内部出现对立的时候——当然这种对立总是多少带些隐蔽性——父亲才能更清楚地了解她们。

父亲很明白作为家里唯一男性的优势：他没有竞争对手，他的男性气质无人挑战，而且可以独享妻女的爱。不过他在家里不要指望得到某个男孩的支持，因此没有借口把电视频道转到橄榄球赛或动作电影等节目上。虽然他心里多少感到有点儿自豪，因为他是这个“女性世界”里被“无情碾压”的唯一牺牲品，但很自然他会在某些日子里感到一丝孤独。不过，他若是滥用唯一且得不到理解的男性地位，事情肯定会有点儿不妙。如果过于坚持，他一定会被“女孩圈”排斥到一旁，也有可能会被迫寻求某个女儿的支持，这个女儿往往与他最亲密，与母亲最不睦，这样就会在家里制造出无法避免的矛盾。

女孩之间根据年龄、性格、是否意气相投建立不同的联盟，当然她们之间是否情投意合也随时间而改变。对于她们之间的嫉妒或某个女孩对另一个女孩表现出的醋意，如果父亲不明白这是很自然的情绪，甚至无法掩饰自己对某个女儿的偏爱从而激化这种情绪，那么他很可能会为此感到棘手。比兄弟之间更甚，如果作为“一家之主”的男人表现出对某个孩子的偏爱，哪怕只是一时的举动并且有充分的理由，也将严重激化她们之间的对立竞争。还有一种常见的情况，在有多个女孩的家庭里，其中一个将扮演男孩的角色，父亲会更喜欢与她沟通，也更容易与她发生冲突。拥有多个女儿的父亲要特别警惕嫉妒心的问题，有的父亲，尤其是自己也有姐妹的父亲往往会在这个问题上处理得很好。话虽如此，虽然应该尽量对每个孩子一碗水端平，但并不代表着否认孩子们之间品位兴趣的差异，或是以公平为借口把所有女孩送到同一家学校或送给她们相同的礼物。

● 既有男孩又有女孩的家庭。兄弟或姐妹之间可能既十分相似又截然不同。卡米耶·克洛岱尔和保罗·克洛岱尔[1]这对著名的姐弟就是很好的例子。通常，在既有男孩又有女

1 保罗·克洛岱尔（Paul Claudel，1868—1955）是卡米耶·克洛岱尔的弟弟，法国著名诗人和外交家。——译者注

孩的家庭里，父母对女孩常说的话是“别理他”，对男孩常说的话是“别烦你姐姐/妹妹”。估计这两句话的出现频率会与女孩和男孩的人数成正比。仿佛空气中弥漫着挑衅和好斗的味道！同一个家庭的男孩和女孩确实有时会出现严重的争执、作对和吵嘴。幸好时间会让局面发生改变，他们之间的不和或和睦都不是固定不变，就像格林童话故事《七只乌鸦》。这个故事讲述了一个小女孩得到父亲的专宠，导致她的七个哥哥被变成乌鸦，她走遍天涯海角寻找解除咒语的方法……不幸的是，如果女孩过多地拥有父亲的爱，远远超过她的兄弟，那么事隔多年之后伤疤和苦涩会仍然难以消除。

○ **理解父亲**

女儿希望父亲能给她留出自我发展的空间，套用一句常见的话，她们懂得不是生而为女人而是成长为女人的道理，而且父亲在其中发挥很大作用；她们也明白父亲期望她们具有某些优点，尽管父亲也无法说清楚到底是什么优点。因此为了让她们更加清楚明白，笔者把某些父亲对女儿的期望写在了下面。

谦逊静美

男人对女人心存恐惧，父亲对女儿怀着畏惧。是不是因为追溯到古代，女人无论善恶皆为“命运的制造者”[1]？这是确定无疑的，但是这种恐惧心理让人吃惊，因为它几乎从未被表现出来过。父亲作为男人，无论是否承认，都喜欢表现自己和支配别人。女人把男人的这个短处看在眼里：在好的情况下她们一笑了之，成为她们之间的谈资；在糟糕的时候，她们可能深受其苦。而且作为父亲，男人总在试图树立威信。他们常常把这句话挂在嘴边：“在我家里，绝不允许女儿对我发号施令！”

因此女儿面临复杂的要求：她们必须承认父亲作为男人所抱有的确立权力和支配意愿，她们可以接受父亲的权威，但不能屈服。换句话说，她们明白自己不能过于展露个性或观点，以避免与父亲发生冲突，同时也不能过于温顺而失掉他的尊重。聪明的女儿会平衡这两方面，在至少表面上承认父亲权威和表达自我意愿之间找到一个均衡点。

女人通常比男人更显得谦逊卑微。她们把谦恭视为优点，哪怕在生命最重要的时刻她们也不忘控制自己的得意。女人的谦逊静美并未导致自我封闭或逆来顺受，而是作为一种人际关系利器，在不掌握支配权的情况下有效传递自己的

1 Maingueneau A., «Esthétique de la femme fatale», in André J. et coll. (sous la dir.), *Fatalité du féminin*, Paris, PUF, 2002.

信息，女人不仅能娴熟地运用这种手段，而且收效颇丰。在把对他人的同情和对自己的坚持结合起来，在人际关系中发挥宝贵作用这件事上，女人通常比男人处理得更好。无疑是因为她们很早就致力于构建与父亲之间的更好关系。

有其父必有其女

除了确实存在的偏执型父亲，一般的父亲都乐意看到女儿跟自己的性格存在一定相似之处。他甚至为此感到骄傲："她的血管里流淌着我的血。"实际上，父亲的主要性格特征都会呈现在女儿身上，比如雅典娜和她的父亲宙斯都勇毅坚强，茜茜公主和马克西米利安·约瑟夫公爵都多愁善感，因为崇拜聪明睿智的父亲而让女儿产生求知欲望，诸如居里夫人、玛丽·波拿巴还有中世纪以来第一位专职女作家克里斯蒂娜·德·皮桑（Christine de Pizan）[1]。多少少女幻想过美丽的茜茜公主和她的白马王子的故事，也幻想过她与父亲的亲密关系。多少人转述过这句名言："你我若不是生在王公贵族之家，一定会当马戏团的骑士。"实际上，茜茜公主和父亲都有些波西米亚气质，厌恶循规蹈矩、热爱大自然，却不得不受到奥地利皇室刻板规矩的束缚。如果仔细考察茜

1 Roux S., *Christine de Pizan, femme de tête, dame de cœur*, Paris, Payot, 2006.

茜公主与父亲的关系，显然可以更好理解茜茜公主夫妇的故事。她热爱父亲，不希望否定他，同时她必须承担作为年轻皇后的责任。难道她面临的与其说是一场皇室冲突，不如说是一场忠诚于谁的冲突？

为了更好理解父亲的某些反应，女儿应该知道，当她与父亲在性格的积极方面显示出相似性，诸如自信满满、斗志昂扬或忠诚于价值观，父亲通常对父女之间的相似深为自豪。简·方达就此问题写道："要知道我从父亲那里继承了什么并不困难。我相貌与他相仿，也从事一样的职业，显然性格上也有与他近似之处——在不好的方面，我跟他一样把自己藏得很深却以一副尖酸刻薄的面目示人（我历尽艰辛才摆脱这种态度）。不过父亲也遗传给我他那种中西部男人的担当、对正直的尊敬、保护被压迫者和痛恨压迫者的态度……我相信爸爸至死保留着源于大地的道德感，我还有我的孩子们都继承了他这一点。"另外，女儿有时可能责备父亲遗传给了她某些让她不喜欢的性格，或是父亲在女儿身上看到根源于他的不良性情，因而感到一种负罪感。用尖刻的话语来加强他的负罪感是毫无效果的，那只能激起对方拙劣的戒备反应……

既然父亲可能强烈希望女儿在某些方面与自己相仿，女儿也可能希望与父亲具有某些相似性，拥有她眼中父亲的优点，喜欢展现与父亲的意气相投，从而取悦于父亲——总而言之，父亲是她认同的榜样。她在艰难时期可能想起父亲经常向她说的一句话，这句话也成了她自己的座右铭，就像年轻的茜茜公主，多年后仍然想起父亲的话：“你要接受你所得到的东西。”然而，这种认同的进程也有其局限性：首先是因为女儿有另一个认同的榜样——她的母亲；其次是因为她必须构建自己的人格。任何父亲都无权让女儿成为自己的镜子，否则他就会成为自恋的父亲，只是为了让自己开心而希望女儿像他。

莱娅苦恼于自己总是满脑子竞争的想法，而且四处表现出来，无论在她的工作、社交、友情还是爱情方面。这种不服输的精神无疑使她的学习非常优秀，如今成为一个受人尊敬的科研工作者。她的这股精神是从谁身上继承的？她毫不犹豫说是从父亲身上得来。父亲一生勤勉奋斗，她对父亲充满敬佩。她常常听父亲说：“在生活中要做到最好，”他还补充说，“对你来说更是这样，我的女儿，因为你是女孩。”然而，竞争不一定与友谊和爱情相处融洽。莱娅总是觉得在与别人竞赛，甚至与男朋友在一起也是这样。正因为这样，他的男朋友与她分手了；她无法忘记他：这是她生活中第一次无法忘记一个男人。是不是因为她对他一往情深？不见得。她分析一番后，认为自己之所以无法释怀，是因为她觉得自己“输了”。她对自己的想法感到不快，责备父亲过于苛求她，要她一切效仿自己。她承认：“我实在受够了父亲的口头禅：‘要鞭打最好’……”她突然意识到自己的口误而且笑起来：“不好意思，我想说的是‘要变得最好’……”她接着说：“你看父亲对我的影响多大！”

父女要经常见面

在大多情况下，虽然父女关系磕磕绊绊，父亲仍然希望见到女儿，这个愿望终生不变。雅克·贝特朗（Jacques Bertrand）[1]在小说《轻骑兵的旅程》（*La Course du chevau-léger*）中讲述了热雷米某天突然出发寻找一个年轻女人，这个女人的照片他一直留在身边——他的女儿玛格达莱娜。几年前他失去了女儿的踪迹。他知道女儿的性格极为坚强，她热爱旅行，或许在冒险精神的支配下会远走天涯。他在瑞士、法国和葡萄牙发现女儿的踪迹，最后在泰国北部靠近缅甸边境的地方找到她，她在那里照顾赫蒙族孩子。这是他们最后一次见面，不无幽默、欲言又止却满怀深情。这部小说

1 Bertrand Jacques A., *La Course du chevau-léger*, Paris, Julliard, 2006.

反映了很多父亲内心深处的渴望：永远与女儿保持联络，哪怕她远离父亲。当然，如果父女之间存在过于强烈的紧张关系和冲突，也有例外情况，在前面某一章，我们看到父亲在与女儿长期不睦后拒绝与女儿和解。然而排除这种例外情况，女儿应该明白，父亲对她的爱至死方休，哪怕有时显得很拙劣或带有占有欲，但在他的内心深处充满柔情。

父亲陪伴身边并且值得依靠

当女儿遇到个人问题就求助于母亲，而不喜欢求助于父亲的时候，父亲如何相信自己能留住女儿的信任？父亲往往会对自己产生怀疑。实际上我们要分辨清楚两种信任：日常生活中的信任——在成绩单上签字、提醒赴约时间、准备白天的衣服——以及理解和爱所带来的深厚支持，从中可以看出一个人在遇到困难时能否对自己和他人担负起责任。对于前一种信任，显然父亲可以发挥一定作用，然而无论是否乐意，母亲都是第一责任人。至于后一种信任，女儿却自然而然地强烈依赖父亲，不过女儿要明白信任是一种对等的情感，她信任父亲，才能得到父亲的青睐。

有一种特定的情况很有代表性，可以显示女儿向父亲吐露心声有多么困难，即使父亲很希望女儿这样做。我想说的是爱情的悲伤。父亲希望女儿向他开口，这是女儿想不到也没有做过的。显然女儿并不乐意这样做。关于女儿的害羞，可能还有另一个表现，她们也许试图保守秘密，也许会告诉自己的闺蜜、姐妹或母亲——女性在感情方面的互相支持比男性更加常见，而父亲通常最后一个得知实情。然而我遇到的所有父亲，当他们听说或猜到事实真相时，都向我表示他们很愿意帮助女儿摆脱悲伤。

当然，父亲往往感到自己笨手笨脚，不知道怎么找到合适的时机和话语；他也认为母亲在这方面比他更加熟稔。然而如果他有机会开口，却不知道如何表达自己的想法，那么他最好只是慎重地说："这个男孩可能不适合你。"这要好过下面的陈词滥调："失去一棵树，发现一座森林！"或是："没什么大不了，会过去的。"因为这些一成不变的话只能贬低女儿的感情。

母亲往往第一个猜到女儿发生了什么事。她心思细腻，知道什么话是对女儿最好的安慰。女儿可能向她倾吐真实或想象的情感，它来自母女两人都有过的经历：父亲属于男性世界，这种时候是插不上话的。还有一个需要了解的情况，在青春期更加明显，女孩认为感情问题会导致她们遭遇严峻困境——根据一项最新调查，38%的女孩抱有这种看法，相反只有20%的男孩拥有这种想法。[1]在爱情方面，父亲不仅在成为女儿的倾听者时处于“劣势”，而且也明显对倾听感到不自在。通常，在这些情感脆弱的时期，他怀有一种完全男性化的倾向，不是耐心倾听对方，而是希望找到一个立竿见影的解决办法，然而这样的办法显然是不存在的。有时候他甚至会失策地责备女儿不会选择，其实这在无意中是贬低了女儿。他至多简单问一句:“出什么事了？”认为这样就会让女儿开口。“没什么。”女儿通常如此回答。如果他坚持问下去，不是得不到回应，就是惹得女儿哭泣，他却不知道如何安慰。

然而在大部分情况下，父亲就算毫不流露，其实也对女儿的悲伤感同身受，他也真心希望女儿能像对母亲一样对他倾诉真情。他只是想陪着她，给她安慰。虽然女儿认为在这个问题上没有什么和父亲好谈的，不过她应该明白，包括她父亲在内的任何父母都无法对孩子的爱情苦恼无动于衷。她仔细想想就会明白，分手是很难过，不过父亲和母亲都无法让她避免这种经历；她明白自己需要父母尤其是父亲尊重她的悲伤，不会扰乱她的情绪、责备她，更不会嘲笑她。说到

---

1 IPSOS 为惠氏（Wyeth）基金会青春期论坛所作调查，2005 年 5 月。

底，父亲在这方面对于女儿的期待，就是不被排斥到一边。

应该而且确实得到尊重

父亲接受他对孩子尤其是女儿的保护责任，也能忍受批评和打击，但他同样有权拥有自己的期望和要求。心理学传统上称之为“父亲的律法”，其职责是承载三大难题，即禁止、延续和传递，其对象包括女孩也包括男孩。

父亲承担的保护责任从积极方面来说建立在他爱女儿、女儿易受伤害的事实之上。他的任务是对周围保持警惕，保证女儿不遭受危险；女儿渐渐长大，一般来说他会承认女儿的生活环境随之扩大。然而女儿意想不到的是，父亲仍然是她的最佳庇护者。

即使她无比渴望展现独立自主的能力，一个明智的或希望自己变得明智的女孩，也隐约感到自己有一种深刻的需求，愿意身边存在一个永不落空的依靠，她能够从父亲那里得到，也能够以不同的方式从母亲那里得到。在生命的这个阶段，她也能理解并尊重一个称职的父亲和他努力承担的双重职责：提供支持以及行使权威，抑制她的放纵、任性、愤怒，在必要时候划出界限。在这些时候，父亲应避免自己受到女儿攻击性态度和言语的影响：如果这种折磨明显是针对父亲的，父亲就要接受自己成为折磨的目标。另外，即使父亲不是首要目标，哪怕他们侥幸逃过了女儿咄咄逼人的态度，也不能让伴侣为此付出代价，并且要明确表达这种姿态。在这两种情况下任务都不轻松，没有留给他太多喘息之机。

当然，身为父母的一个基本素质就是“挺过去”这种挑衅的施压。他们不能被这种折磨压垮，导致精神沮丧、萎靡不振，他们可能因此变得漠不关心，这是放弃职责的表现，也可能针锋相对。总之，父母不能放弃责任，他们既不能逃避，也不能受其影响。“挺过去”意味着拥有某种能力，即永远对孩子的行为保持敏感甚至受其感染，而无论孩子有多大，仍然关心和担忧他，更要爱他。

女儿要理解，她对父亲拥有某些特权，父亲同样对她拥有某些特权。每个人都知道教育孩子的文化和社会背景发生了变化：过去的教育非常严格，在孩子的需求、早期能力、得到倾听和个性被承认的权利等方面则认识不足；如今在媒体的鼓吹下，人们崇奉的信条是孩子永远有道理或者是受害者。然而，人们给予孩子的这种新的压力很可能会引发焦虑。其实女儿是可以理解父亲在某种条件下对她施加一定权威的特权的。

相比男孩，女孩对父亲权威的直接质疑较少，但是她们会通过委婉而诚恳的途径表达异议。她们的反对方式是明显的消极对待、对表面上微不足道的小事突然显出不依不饶的态度、娴熟地运用女权问题提出批评——在这种作对方式上，她们非常善于运用父母之间的意见不一致——或是简单直接地不与别人交流。笔者不想事无巨细地重复之前关于母子关系和青春期行为指南等书中对父权问题的描述，但重申务必分辨三种不同类型的权威：鼓励性权威、许可性权威和禁止性权威，也就是情感权威、道德权威和形式权威。[1]

● 情感权威建立在爱和期望之上，希望子女得到幸福和成功。它之所以是“鼓励性”的，因为它让孩子意识到，做正确的事对自己来说是有益的。然而我们必须澄清，这种鼓励性的情感权威不仅属于母亲，父母双方应该分享这种权威。

● 道德权威反映了内在化的父母形象，也就是孩子在内心把母亲和父亲想象成善与恶、好与坏、公正和不公的对立。这种权威使孩子认同父母的自我约束及他们向孩子传递的规则，从而体验自己的局限和构建自己的规则。这种类型的权威也可以传递道德价值观。塔哈尔·本·杰隆（Tahar Ben Jelloun）在《向我女儿解释种族主义》[2]一书中，讲述了一名父亲如何向10岁女儿米丽娅姆展示自己的价值观。

1 Braconnier A., *Le Guide de l' adolescent*, Paris, Odile Jacob, 1999.
2 Ben Jelloun T., *Le Racisme expliqué à ma fille*, Paris, Seuil, 1998.

在这方面，孩子显然会对父母一方的反对或父母之间的矛盾十分敏感。在这种情况下，如果孩子，尤其是女儿能够陈述自己的观点，她肯定会这样想也会如此对父亲说："你要求别人这样做，但你自己并不这样做。"这句话很伤人，因为它往往一针见血。

● 形式权威，最后这种权威相对来说存在一定的专制。它决定着社会性禁令，以法律为支撑：绝不能跨越黄线，因为这是被禁止的，但是可以跨过虚线。并不是说不能向孩子解释禁令之所以为禁令，但这种权威依仗它背后的专制逻辑，比另外两种权威更加要求父母之间先达成共识。

父母权威的实施包含三种面貌，同时应避免几个陷阱：放弃、悲观和自由放任。对孩子的放任很容易被孩子尤其是女孩理解为父亲的冷漠和抛弃。相反，过于生硬、只会禁止这个禁止那个的权威不利于对话，只能产生如下两种结果：要不就是孩子的公然反叛，孩子在成长过程中一直处于反叛边缘；要不就是屈服和放弃。无论哪种情况，融入社会生活的渐进心理进程将被打断或深刻改变。最终，第三种陷阱正是父母中只有一人或其代表来执行权威。作为这个问题的结束，我们要注意父母权威威胁到夫妻关系：要始终警惕，父母两人不能一贯互相争执，从而使自己失去威信。

要理解父亲，女儿必须明白，他渴望终生履行其作为父亲的职责，这种职责会在他的一生中不断演变，但在他的头脑和内心里是永远存在的。这种渴望有时会显得十分沉重、矛盾甚至无法自圆其说，然而如果父亲能够运用理智和敏感恰如其分地表达这一想法，女儿将始终深受其益。

和解

“他终归是我父亲！”弗朗索瓦丝某天这样对我说，她已经连续几个月抱怨与父亲如何难以相处，因为他专制、倔强、吹毛求疵，有时还明显不公平。用圣奥古斯丁[1]的话说，人有时可能爱得“过迟”：当女儿抽取与她的过去相连的绒线时，往往发现自己的织物上全是洞。

回到弗朗索瓦丝的例子，她从青春期起就激烈地反抗父亲。父亲是企业老总，受到家人和好友的钦佩。他的妻子非常温顺，女儿尤其不想成为这样的女人。弗朗索瓦丝回忆，她本来可以为父亲感到骄傲，但她总有一种窒息甚至遭到压迫的感觉，因为父亲从来不在工作和家庭之间做出区别对待。一旦她有了能力，也就是中学毕业会考之后，她就奔赴一个遥远的城市念书。父亲不同意她的选择，拒绝支付

1 圣奥古斯丁，古罗马时期思想家（公元354—430年），著有《忏悔录》。——译者注

她的学习费用。她自己则设法摆脱了困境，与母亲和兄弟姐妹保持联系，但是拒绝与父亲之间的一切接触，甚至连电话也不打。弗朗索瓦丝告诉我：“很长一段时期，我不把他当成父亲。他与我形同陌路，甚至连陌生人都不如，他是我的敌人。”她结婚时同意父亲出现在婚礼上，但是几乎与他没说一句话。她的生活在继续，生下一个女儿和一个儿子。有时候她为孩子们不认识外公而感到遗憾。她周围有几个女性朋友最终消弭了与父亲的冲突。其中有个女人尤其让她深受触动，她们两人曾经谈了很多自己与各自父亲之间的艰难处境。这个女人告诉她，父亲当外公后完全变了一个人。这次谈话后，弗朗索瓦丝开始认真考虑与父亲修复关系。正是这个时候她说出本节开头的那句话：“他终归是我父亲！”

她姐姐与父亲亲密得多，性格也温顺些。在姐姐的居间调停下，她与父亲重新建立了联系。一开始这并不容易，两个人互不信任，对于恢复关系都感到焦虑不安。不过看到父亲对她的家庭和事业成功深感骄傲，弗朗索瓦丝打心底觉得开心。她甚至十分得意自己能够主动回到父亲身边。几个月后父亲犯了一次心脏病，她更加为自己的选择而庆幸。这次弗朗索瓦丝在父亲面前成了强者，但她心里对父亲涌出真正的柔情，并终于可以告诉父亲，她不再生他的气了。

如果父亲拒绝和解甚至阴阳相隔，那么如何与父亲实现和解呢？对很多陷入父女冲突的女孩来说，这通常是她们无法解决的大麻烦。一个人很难质疑自己所坚信的东西，更不用说这种信念建立在刻骨铭心的感情之上。女儿一旦坚信父亲存在缺点而不与他来往，她就很难去质疑这种感觉，如果女儿对曾经热爱的父亲怀有一种深深的失望，情况会更糟糕。在导致这种坚信逐渐累积的合理论据之外，还有深刻的情感伤害。掉头折返存在显而易见的困难，因为那不仅要协调两种对立观点，还要安抚由此产生的积怨。当女儿和父亲反目成仇并且长期对立，走向和解的道路绝不会奇迹般一蹴而就。很多女人都经历过类似的事情，很多父亲也是如此。求助于心理疗法或进行心理分析，在新的启发下来重建每个人的经历，对很多人来说都是必不可少的帮助。

探寻痛苦的关系破裂所造成的破坏性影响，应该是个人努力的起点：“与我父亲的令人伤心的关系，在我生活的各个重要方面都散播下混乱：我作为女人的生活、我与男人的关系……性、创造力、在生活中前行的信心等。由于我所从事的心理治疗师职业，我很快就明白，与父亲重新建立关系，对于饱受父女之间恶劣关系困扰的女人来说是一项重要的任务。”琳达·席尔泽·莱昂纳德（Linda Schierse

Léonard）在《父亲的女儿——治愈父女关系的伤口》一书中这样写道。[1]实际上，懂得如何与父亲和解往往免不了一个漫长过程，可能需要接受心理治疗，更罕见的情况是像我的这位女性同行一样自己成为心理治疗师。和解“努力”的第一阶段是分析父亲的态度所造成的破坏性影响；第二阶段是去理解父亲曾经——如果他还在世就是现在——所拥有的好的方面。懂得如何与父亲和解，需要承认他身上隐藏的优点。只有女儿最终弄清楚自己其实比表面上更加充满矛盾的感情，只有她愿意反观自身，自我质疑，同时避免无法承受的自我否认，和解才是可能的。如果父亲已经去世，有时候他一旦从她的生活中消失，女儿就能在他不在的情况下与他和解：那时女儿独自完成了单边和解的全过程。

这些情况更能说明，女儿与父亲有时需要整整一生才能真正互相认识。同时也表明女儿哪怕置身于复杂关系之外，也几乎总是在某一时刻感到有需要与父亲实现和解，只有这样才能最终摆脱父亲，与幸福的童年时光挥手告别——那是她能够无限制地依赖父亲的保护和温柔的时光。这个总在某时刻显现的与父亲和解的想法，有助于了解在每个女儿生命

1 Schierse Léonard L., *La Fille de son père. Guérir les blessures dans la relation père-fille*, Montréal, Le Jour éditeur, 1990.

中起决定作用的复杂经历，无论她是什么样的人都免不了。也可让人理解本书一开始就提出的悖论：父女关系构建女儿的一生，同时两人需要整整一生去互相认识。

理解父亲就是理解男人，反之亦然

理解了父亲，就能理解男人以及他们的力量和弱点。有时候，更好地理解与自己一起生活的男人，才能反过来更好地理解父亲，与男人的共同生活有时甚至为女儿提供支持，让她能向父亲说出以前从来不敢对他说的话。对任何人而言，越理解对方，沟通就越顺畅，这就是通常说的移情作用，我在此提出某些方法作为建议，可以让女儿或父亲更显从容。绝不是只存在这些方法可用，而且某些方法仅适用于一部分人，对于其他人并不合适，但提出建议总不是坏事。

● 女人首先要接受她的男人或父亲不像她那样活力十足：在这方面的外在表现不一定靠得住。

● 女人既要看到杯子的一半是满的，也要看到另一半是空的：男人——或是父亲——在她眼中的懒惰、过度松懈或不够成熟，同样有力地显示了自我放松、乐观看待生活和享受琐碎生活的强大能力。

● 女人应该接受她对于男人浪费时间的担忧——多存在

于充满抱负的女人身上——适用于工作或紧急情况，但不必每天24小时绷紧自己。

● 不要忘记男人也有自我。当然他有时候表现不足或不恰当，然而别人对他的所作所为赞赏越多，他就越快乐，也更能感受别人的爱，因此会激励自己再次努力。

● 永远记得告诉男人，女人做出积极姿态的时候，是在期待他对此加以鼓励，以及要知道感恩女人给他的生命所带来的恩赐。

● 要敢于告诉男人，当然要委婉一些，如果他嫉妒女人的仰慕者或殷勤者（显然除非女人也陷入了不高明的嫉妒），会让女人非常敏感。

● 还要告诉男人，女人并不指望他解决一切问题：说到底，女人只是需要他表明倾听和支持的态度。

第六章

从昨天到明天：女儿的未来

多年来，女性和男性地位的变化，尤其是对母亲和父亲的刻板印象正在逐步演变，这对女孩的成长以及她们与父亲的关系产生了强烈影响。虽然称不上是夸张的“围着孩子转圈的爸爸”，但是今天的男人与过去相比与子女更加亲近。往往孩子一出生他们就开始照顾，且更容易接受扮演过去他们认为过于女性化的角色。父亲的参与对女儿的成长不无影响，同时女儿在成长中也会获得更具独立性的母亲的支持，因此女儿能够更好地构建或展现自身存在的女性与男性特质。当然，这种性别的双相性是我们人人身上都有的。

认为男人应该履行权威和保障物质安全，而把情感方面的照顾责任交给他人也就是母亲这种观点如今已经不占主流了。现在，男人们似乎希望在生活的不同方面找到某种平衡。女儿在观察他们，看他们如何做事，倾听他们，虽然女儿看得到父母之间的区别，但她更容易效仿父亲，而且也不见得总会被贴上“假小子”的标签。从女人的角度来看，性别平等的斗争仍然没有取得胜利，但是稳扎稳打已经胜利在望。在朝两性就业平等目标的努力过程中，至少可以看到“超级妈妈”越来越多地变成“超级女人”。反之亦然：在职场占据高位的女性，无论是在公共、私营还是金融领域，越来越少的人会放弃做母亲的愿望，而是渴望在工作之外也能享受女人和母亲的生活。这些女性不愿意在工作和孩子之间做出非此即彼的选择，如今的女孩便能够把她们作为榜样，拓展自己的生活，在多个不同的领域实现自我价值，一个都不放弃。

新式父亲无疑比他们的前辈能更好地承担了父母的双重责任。母亲分娩时，他们在场；他们给宝宝换尿布，他们把女儿抱到摇篮里或交到保姆手上；他们参加家长会，去儿科诊所甚至“心理”诊所……他们在日常生活中的深度参与只会对女儿产生积极影响，避免孩子很早就感受到父亲的缺失或是父亲完全无法参与她的身份构建。这也不会明显减少母亲的基本贡献。母亲仍然与孩子一起待在妇产医院，虽然住院时间大大缩短以便早日回家；奶粉和辅食品牌广告仍然以母亲为首要目标人群；如果孩子出现紧急卫生情况，学校仍然倾向于首先通知母亲……除了特殊情况，我遇到的父亲，哪怕在女儿幼小的时候就积极参与她的成长，也无法在女儿小时候甚至长大后匹敌她的母亲。他是男人，在女儿眼中永远是这样：仅仅是父亲的权威和他所代表的根本性区别不再像以前那样引起恐惧，尤其是对他人的恐惧。精神分析学的奠基人弗洛伊德应该为这一演变感到欣慰。他的三个女儿命运殊异，成长经历各自不同，与家人的关系也不同。

弗洛伊德和女儿们

笔者再次重申，精神分析的诞生，源于弗洛伊德看到他早期接触的患者所流露出来的痛苦，这些痛苦与他们的父亲或其替代者有关。经典的露西・R病历是弗洛伊德对1895年之前所运用的治疗方法的精确陈述，这一方法后来演变为精神分析疗法，用于治疗以父亲为核心问题的病理性歇斯底里症。在这个问题上，值得注意的是弗洛伊德对父亲作用的认识存在几个阶段。1895年左右，他对于父亲的作用持有负面看法，认为其可能造成创伤；随后，他通过俄狄浦斯的神话来宣告父亲的辉煌形象，认为父亲在心理发展过程中具有绝对必要的作用，尤其对于女性而言；最后，他形成了弑父情结的理论：孩子完成弑父幻想以获得独立。我们应该注意，在《图腾与禁忌》一书中，弗洛伊德探讨的是儿子而非女儿，似乎女儿绝不会产生象征性杀死父亲的情结。女孩与男孩的区别在于，“女孩是父亲死后的继承人，而男孩……既是继承人又是（父亲之死）的参与者”[1]。这是否意味着男孩喜欢把父亲视为一个理想化的形象：“我父亲是最强大的！”或是一个名誉扫地和象征性被摧毁的形象：“我父亲是个无能的人！”而女儿眼中的父亲形象更为复杂微妙？

再来看弗洛伊德本人的处境和家庭情况。他育有6个子女，其中3个是女儿：玛蒂尔德、索菲和安娜。他与每个女儿的关系都不一样，无人能否认他深爱每一个女儿，他仔细考察每个女儿的人生经历，可以说他以自己的行为、影响和关系诠释了他在《论自恋》中的观点：“如果考察温柔父母对孩子的态度，不得不承认其中复活和再现了他们的自恋心理……”[2]

○ 倔强的玛蒂尔德

1887年，长女玛蒂尔德出生，弗洛伊德写信给岳母和

---

1 Margarita D., «Non deux fois non», *Documents et Débats*, 1992, 39.

2 Freud S., «Pour introduire le narcissisme», in *La Vie sexuelle*, trad française, Paris, PUF, 1969.

妻子的姐妹:“我已经拍电报告诉你们,我们有了一个小女儿。她体重3400克,真是值得骄傲……虽然天亮的时候我还没见过她,她出生于7点45分,但我感到自己已经深深爱上她……我也精疲力竭,好像生孩子的是我一样……”[1]在第一个孩子出生时,从妻子玛尔莎(Maltha)阵痛开始直到分娩,他一直守在她身边,他选择好友约瑟夫·布罗伊尔(Josef Breuer)妻子的名字给这个孩子取名。玛蒂尔德渐渐长大,成了个假小子,她的莽撞甚至让弗洛伊德感到担心。他认为长女精力过旺的性格源自“照顾孩子们的保姆给她的荒谬教育……以及玛尔莎本身的软弱……”,“我们希望小宝贝儿摆脱这些影响,重新成为一个小淑女”。对于女儿“让人无法忍受和叛逆”[2]的性格,他绝不会怀疑到自己身上。10岁的时候,玛蒂尔德生了一场大病。她当时得了“病毒性白喉”,父亲当时一再强调,她显得“异常勇敢”。弗洛伊德的门生和传记作者欧内斯特·琼斯(Ernest Jones)写道,可能是弗洛伊德本人促成了女儿的好转:“在这场重病期间,慌张的父亲问孩子最想要什么,她回答说‘草莓’。在当时

1 引自弗洛伊德1873—1939年的通信集,E. Weissweiler, *Les Freud, une famille viennoise*, Paris, Plon, 2006.

2 同上。

的季节，草莓十分罕见，不过维也纳一家著名的商店有这种水果出售。孩子吃第一口草莓的时候就咳嗽起来，打通了假膜阻塞，第二天小女孩病情就好转了。一颗草莓——还有一个爱她的父亲——救了她的命。”[1]

玛蒂尔德让人难以忍受的性格似乎在进入青春期时变得缓和了。弗洛伊德记录，她是个“完整的人而且自然而然是个真正的小妇人……在家里，她变得越来越像‘半个母亲’”。这些话导致一些人认为弗洛伊德对玛蒂尔德怀有过分的柔情，甚至猜测他最早的“诱惑理论”——他提出这个理论的目的是解释年轻妇女的歇斯底里症——与他对长女的感情有牵连。在青春期，玛蒂尔德过着一种当时富家少女的生活。无论是上学、上昂贵的舞蹈课还是去看戏，没有人陪伴时她便不能出门。正如斯蒂芬·茨威格（Stefan Zweig）在评论这代人的父亲时说，以破除性禁忌和女性解放为基础构建自己研究成果的弗洛伊德，把自己的女儿当成“温室里的花朵”一样抚养，于是她在“人为过热的环境”中成长。

埃娃·魏斯韦勒（Eva Weissweiler）在为弗洛伊德家庭立传的书中认同一种观点，弗洛伊德与妻子玛尔莎的妹妹

1 E. Jones, *La Vie et l' œuvre de Sigmund Freud*, Paris, PUF, 1958.

明娜（Minna）有私情。她认为玛蒂尔德的神经质与父亲的不忠有直接关系：“他结束与明娜的共同旅行回家后，玛蒂尔德的状态至少在表面上得到改善。这是‘恋父式嫉妒’或‘女性歇斯底里症’的经典例证之一，或许足以与弗洛伊德的早期患者、又名朵拉（Dora）的伊达（Ida）平分秋色？这明显是一种对父亲明目张胆出轨的抗议，她觉得……无法忍受和……难以描述。”这几乎与“伊达的病情”完全一致：父亲背叛妻子与另一个女人偷情，女儿对此感到伤心欲绝。如果玛蒂尔德匿名求医，弗洛伊德肯定会把她诊断为歇斯底里症和恋父式嫉妒，认定女儿爱上父亲而不自觉把自己视同为被欺骗的母亲，甚至重现母亲的症状表现。

无论如何，倔强和叛逆的一面重新占据了上风，玛蒂尔德征得父母同意，就读于一所科学、艺术和文学高等学校，她称之为“女子自由大学”。女儿的选择只得到弗洛伊德的勉强同意，他要求女儿限制课时，冠冕堂皇的理由是保护她受到神经质损害的身体。玛蒂尔德则拒不承认失败，她写道：“如果我能挣到钱支付出门和穿衣打扮的费用该多好啊。变得独立自主是件美好的事，当独立并不是必不可少的时候就更是如此。”该来的总会来：21岁那年，尽管父亲对她施压，让她找个门当户对的婚事，但是弗洛伊德的长女爱上一个维也纳的年轻人罗伯特·霍利切尔（Robert Hollitscher）。这一次，父亲仍然不高兴。他试图利用父亲的权威迫使女儿“等待一段时间”。这只能说明，弗洛伊德虽然激烈反对19世纪末维也纳资产阶级社会的禁忌和“文明化的性道德”，但在个人生活中却是这种价值观的热情拥护者。

至于玛蒂尔德，她与爱人秘密订婚。当女儿告诉父母这个消息的时候已经为时过晚，弗洛伊德和妻子别无选择只能祝福女儿。她未来的丈夫与弗洛伊德在体型外表上完全相反。玛蒂尔德说：“他是金发蓝眼的大个子，虽然33岁了，但看起来更年轻；他为人善良明理，感情十分细腻；我们彼此理解。”[1] 1909年2月7日，弗洛伊德的长女步入婚姻殿堂，此时远未到父亲要求的等待期结束。虽然体弱多病，但她与丈夫感情“极好”。她与父亲存在争执但仍然亲密，当她生病的时候，这是时常发生的，弗洛伊德总是显出特别的关心。玛蒂尔德未能生育子女，她于1938年5月携夫离开维也纳前往英国。她在英国生活快乐，生病也比在维也纳少了。她在那里成为人们如今所说的时尚设计师，在伦敦某高

1 G. Gödde, *Mathilde Freud*, Giessen, 2003.

尚社区开了一家服装店，几十年间都生意不错。

弗洛伊德似乎一直对长女有着某种程度的欣赏，甚至可能超过他在学术上的继承人安娜。他显然也在她身上表现出父权最多的一面。这对父女之间可能存在强烈的性格相似性，让他们既亲密又对立。与母亲玛尔莎一样，玛蒂尔德似乎从未对精神分析产生兴趣，但无意中遵循了弗洛伊德在妇女解放和性解放问题上对他人的教诲。她与丈夫自由恋爱，不顾父母反对坚持走自己的路；她的独立——强烈的自我——是通过对父亲及其超我权力的反抗而获得的，这是一条必经之路。也正是因为获得独立并放弃弗洛伊德对她的预设，玛蒂尔德才摆脱了父亲的束缚，并使得这位伟人为之骄傲。

○ 索菲：对次女的怜爱

前面说过，弗洛伊德还有两个女儿，索菲和安娜。在一张旧照片上，她们两个就像“脆弱而迷人的洋娃娃，甚至像一对双胞胎。她们的白裙袖子鼓鼓的，浓密的黑发上扎着丝带或塔夫绸。安娜躺在一条缝纫织物上，索菲则大胆地盯着镜头——她的童年一帆风顺，很少生病，从来没有蛮不讲理的表现。毋庸置疑两个小女孩之间有着激烈的斗争。她们之间存在强烈的嫉妒，是‘姐妹间对立’的最佳范例；安娜不顾一切地讨好父亲，索菲则与母亲很亲昵，希望独占母亲的爱”。[1]索菲是弗洛伊德的次女，生于1893年4月12日。关于她，弗洛伊德曾写道：“我们的小女儿很漂亮，她上个星期增加了370克体重。”三年后，她在一场婚礼上做女傧相，他又记录：“更漂亮的是谁……是这个烫了卷发和戴着勿忘草花环的小姑娘。”索菲一直都是个温柔女孩，也一直与母亲很亲近。19岁那年，她步姐姐玛蒂尔德的后尘，爱上比她大11岁的马克斯·哈尔贝施塔特（Max Halberstadt）。由于这个年轻人家世良好、饶有资产，弗洛伊德相比较很容易就接受了两人的婚事。未来的女婿和他很像，身材瘦削，时常紧锁眉头，极少展露笑颜。他写信给女婿：“我一直都与妻子相处融洽，我承认她身上有很多高贵的素质而且孩子们都很出色，也是因为她既不是十分与众不同，也不常生病。我希望这是个好的预兆，怯生生的小女孩将成为一个好妻子。”不过，这位父亲实际上似乎有些难受，因为他得送走最漂亮的女儿。1914年，索菲给弗洛伊德生下第一个孙辈恩斯特（Ernst）。他似乎反驳了外祖父关于婴儿口欲的理论，即吮吸母乳的快感是儿童性欲的第一个阶段。因为这个

1 E. Weissweiler, *Les Freud, une famille viennoise*, Paris, Plon, 2006.

男孩不愿意吃母亲的奶……显然这个问题得到了解决，但是“战争”爆发了。爱女索菲和外孙搬过来住，似乎给了精神不佳的弗洛伊德一个生活的理由。

1920年，第一次世界大战结束两年后，弗洛伊德的生命中发生一桩可怕的不幸，他似乎从未真正从中走出来：他称之为“诸神珍爱的孩子”的女儿索菲在年仅26岁时因恶性流感而突然去世。他向学生费伦奇（Ferenczi）坦言：“多年来，我一直准备失去儿子，现在却失去了女儿……我从内心深处觉察到一种深刻和无法承受的伤心自怜。”1920年是这位维也纳精神分析学家生活和学术事业的分水岭。这一年他出版了重要著作《超越唯乐原则》，奠定了所谓有关冲动的第二理论的基础：第一理论把性冲动与自我保存冲动对立起来，而第二理论则更具思辨性，确立了生命冲动与死亡冲动之间的互相抗衡。人们普遍认为这一理论的建立要归功于弗洛伊德在刚刚结束的大战中所见和所理解的事物，尤其是人的暴力及其犯罪和自杀倾向，也与他痛失爱女的经历不无关联。这就是说，人们能够通过弗洛伊德与女儿们的关系来理解他的著作。1920年索菲去世时，弗洛伊德64岁，1939年他在伦敦逝世，享年83岁。命运后来又带给他一次残酷打击。1923年，索菲的孩子海内尔（Heinele）死于结核性脑膜炎。同一年，弗洛伊德首次因颌骨癌接受手术。这一年他还出版了另一部重要作品：《自我与本我》，在这部著作中他认为人类的人格绝无例外需要抛弃无法承受的道德心。

○ **继承者安娜**

安娜是弗洛伊德最小的女儿，出生于1895年12月3日。在给好友弗利斯的一封信中，他写道："如果这次是儿子，我会拍电报告诉你，因为我会用你的名字给他起名。不过因为生下的是名叫安娜的女儿，所以我不必着急告诉你。今天3时15分左右，她恰逢会诊时出生，是个乖乖的健康女孩，在弗莱施曼（妇科医生）的照顾下母亲一切无恙。现在母女平安。"从这几行文字中，我们能否预测安娜的命运？文中是不是已透露出弗洛伊德希望生个儿子？我们是否能从中看出弗洛伊德最小的女儿将成为"精神上的儿子"和继承人，同时也是一个极为忧虑自己性别身份的继承人？正如我们后来所看到的那样。

弗洛伊德很早就把安娜当成年人看待——他希望她成熟稳重，后来她果真如此；他希望她与母亲和睦相处，但后来她没有做到。实际上，安娜酷爱学习。在弗洛伊德的女儿中，唯有她在年轻时就获准参加每周三的"精神分析学会"会议，也唯有她在很小的时候就听过弗洛伊德讲解精神分析："你看到这些有漂亮门面的房子吗？门面背后可不见得这么漂亮。人类也是如此。"

安娜一直与姐姐索菲不和，与姐姐相反，她似乎不怎么展现女性的一面，只关心学业。不过父亲依然以通常对女儿采取的专制态度对待她，比如说不同意她入读高中，虽然这样可以打开她渴望接受高等教育的道路。安娜似乎并不因此过多抱怨父亲，她与父亲的关系以爱为主。"有时候你会想我吗？"她在写给父亲的信中这样说，又以下面的话作结尾，"与你相拥一次，就永远是你的小安娜。"她肯定知道这份爱是相互的，父亲称她为"亲爱的、唯一的女儿"。他还单独与安娜前往意大利旅行，据说就是在这次旅行中他开始非正式地对安娜进行分析……

意大利之行后，安娜获得了某些独立，但是父亲想继续对她进行过度控制，著名的琼斯医生事件就是一个证明。琼斯医生是弗洛伊德的好友和合作伙伴，后来还成为他的传记作者。弗洛伊德认为琼斯想求自己把安娜嫁给他，于是动笔给女儿写信："你知道，琼斯医生是不可多得的朋友和合作者……但我知道……他不适合天性敏感的少女……他缺少敏感特质的感触和知觉……每个习惯于别人献殷勤的矜持少女都有权利从丈夫那里得到这种待遇……我并不建议你避免与他的一切联系，但是无论如何不能与他单独相处……”弗洛伊德也给合作伙伴琼斯写信谈到安娜的事情：“她绝对意想不到会被人当成女人，因为她还远未能感受到性欲望，更倾向于拒绝男人。”琼斯肯定弄明白了其中状况，他回信说：“安娜是个崇高的人，如果性压抑不对她造成伤害，她必将成为一名杰出女性。当然，她与你非常亲密，这是真实父亲与意象中父亲相符的罕见情况之一。”很明显这是在说父亲与女儿之间的紧密关系，并且针对这种关系对女人一生造成的影响提出了委婉批评！意味深长的是，安娜自己后来写道：“每次我到异国他乡去旅行，无论是英国、布达佩斯还是其他地方，每个人都很客气。我梦想不做一个男人。”

安娜·弗洛伊德整整一生都依赖和顺从父亲，尽管她时而取得一定程度的独立性，例如当她不顾父亲相当保留意见的态度成为教师的时候。1918年10月，弗洛伊德开始对安娜进行正式的精神分析，但表面上他希望她沿着他的轨迹前进。他写信给学生费伦奇说，安娜是他“最迷人”和“最可爱”的孩子，她最懂精神分析，尽管他对于她的性别认同感到担忧。这一切可能太敏感和个人化，以至于他无法把女儿许配给一个合作伙伴。不管怎样，安娜于1923年春开始进行心理分析研究。正是在这个时期弗洛伊德因恶性肿瘤接受手术，而且再未从中恢复过来。陪在父亲身边照顾他，从此成为安娜的新职责，直到弗洛伊德去世。

千变万化的当代

多名传记作家所再现的弗洛伊德三个女儿的故事在必要时提醒我们，拥有一个名满天下的父亲并不总是件容易的事情，尤其是父女关系过于亲密造成女儿无法走出对父亲的依赖之时——这正是安娜的命运。反之，弗洛伊德最具现代性的女儿玛蒂尔德走出的人生道路，无疑就是一条独立道路，无论女儿是什么样的人，都使她有机会在长大成人后获得自由和充分发展。

世易时移，今天的父亲们不再像19世纪的西格蒙德·弗洛伊德那样，他们也不再对子女尤其女儿拥有那样的权利和义务。在一个世纪多一点的时间内，我们从父亲拥有无上权威的时代过渡到父母分享权威的时代。至高无上的父权在古罗马时期就已经存在，1804年拿破仑《民法典》开始被继续沿用，到1970年之后父母开始分享权威。父权显然对女孩们的命运影响深远。100年前，多少女孩仍然听从父命选择丈夫，多少女孩被迫适应不自主的婚姻，多少女孩感到自己为了金钱、土地、爵位或家族联姻而嫁人！大家知道，甚至比这些情况更糟糕的情况仍然在某些国家当中存在。一部资料翔实的著作[1]最近聚焦于所有这些女性，直到今日在全球无数地区仍然有许多人必须忍受生为女人的命运。之所以产生这一无法接受的境况，显然首要原因在于男性拥有权力并把这种权力凌驾于女性以及她们所生活的社会之上。比如说，针对儿童的虐待和歧视，对女孩尤其严重，她们得不到足够的食物、照顾和教育机会——据联合国教科文组织提供的数据，在全球1.27亿失学儿童中接近三分之二是女孩。

在西方，男权较为隐蔽，虽然不是所有领域的进步都已大功告成，但不可否认男权在削弱，然而女性仍然在奋斗，母亲和越来越多的父亲关注他们女儿的自由。尽管如此，人们给孩子们读的童话、带他们看的电影，往往带给他们某种想象，有人认为这种想象与内心深处的情结相通，也有人认为它们传递了与男孩和女孩的命运息息相关的所有偏见。例如灰姑娘、睡美人和白雪公主等。你敢肯定小女孩不相信这些故事，她们长大后更不相信吗？如果没有人警告她们或唤醒她们的意识，能否肯定她们不会仍然认为男人天生都是和

1 Ockrent C. (sous la dir.), *Le Livre noir de la condition des femmes*, S. Treiner, Paris, XO, 2006.

蔼的父亲和英勇的战士，女人多是乖戾的后妈和邪恶的巫婆，而且只要少女长得美丽动人，定然会有同样高贵英俊的王子为她提供保护和爱情？

两性平等问题的专家告诉我们，应该分辨如下三种亲子关系：法律界定的法定亲子关系、世代相传的习惯亲子关系以及情感和家庭关系影响下的私人亲子关系。最后一种亲子关系在近30年得到了极大发展，或许造成了另外两种亲子关系的削弱。这种演变不仅涉及父亲，母亲也未能置身事外。社会学家弗朗索瓦·德·森格利（François de Singly）发现，今天的父母"不再首先是负责向后代传递知识和经验积累的前一代人。他们如今负责破译和解释子女的需求，从而帮助他们实现自我"。[1]显然，当社会已然习惯于赋予父亲真实或象征性的权威，这种变化会激起争论，甚至引发不安。

因此有人认为父亲的形象正在衰落，这让女权主义者拍手称好，却让精神分析学家忧心忡忡。[2]还有人认为，DNA的发现和基因检测技术的出现造成父系血统前所未有地真实无误，几乎可以媲美生育给母系血统带来的可靠性。可以肯定，我们如今面临的父亲形象的多样化演变，造成了某种父

1 Singly F. de, *Les Adonaissants*, Paris, Armand Colin, 2006.
2 Burguière A., «Joseph, père moderne», *Le Nouvel Observateur*, 3–9 août 2006.

子（父女）关系的百花齐放。下面三种现象如今相当普遍：离婚的父亲和继父、独自抚养女儿的父亲、身为祖父的父亲与儿子互相对立。如今，各种家庭结构似乎都有可能存在，乃至弗洛伊德也可能迷失于其中。

○ 父亲与继父

多米尼克·桑皮耶罗（Dominique Sampiero）的《小存在》（*La Petite présence*），是一个父亲——也就是作者本人——写给不在身边的5岁女儿的书。父母分手后，奥利维娅与母亲住在巴黎。由于父亲住在法国北方，他决定每天通过书写让女儿感受到他的存在，称之为“小存在”。为了弥补他的缺席和远离，为了陪伴女儿，他坚持每天给她写点东西。他怀着一个希望，盼望这些文字：“能够成为你身为女人的人生披巾，一条淡紫色和蓝色相间的丝绸长裙，今后，当你伤心地想起我们时，想起你过于短暂的童年时，想起这页撕裂的、皱皱巴巴的、团成三个破纸团——也就是你、我和你母亲——的故事时，它们能给带给你温暖。”

不是每个父亲都有多米尼克·桑皮耶罗的才华，能够缓和却不抹去父母离去后女儿的悲伤。每个女人向我讲起父母离婚的时候，都坦言深感痛苦。即使父母的分手或离婚是“明智之举”，她们仍然把生活的裂痕保留在记忆中。女儿出于对父母的深爱而抗拒他们的分手，这是很正常的。长大之后，这个重大事件有时会在生活中影响到她们的某些态度和行为，乍看之下似乎与童年创伤无关。埃莱奥诺尔的故事就是这样。

这个美丽的女人几年来就职于金融业，但她越来越疑惑，是否应该沿着这条道路继续前进，在公司里一步步往上爬，还是改行从事她一直喜欢的时尚业。埃莱奥诺尔感到自己很难做决定。一方面，她不想背弃此前一直在工作上信任和帮助她的人；另一方面，她觉得自己不自由，没有实现长久以来的梦想。在人生的转折点，她开始接受心理分析，认识到自己的现状和过去之间存在联系，尤其与童年的个人经历有关。在一次治疗过程中她对我说，她无法告诉部门主管她希望改行，就像过去她不敢对父亲说，不想在他和母亲之间担当中间人的角色一样——她的父母离婚后经常因为钱的问题争吵。她接着说起让自己感到苦恼的职业问题，无意中不小心说出这句话："在父母之间做出选择真是一件可怕的事，对一生都有影响……"

父母离婚的女孩常常疑惑的一个问题是，父亲为什么离开或平静地接受分手。母女关系的暧昧性在此时暴露无遗。我遇到的大部分在童年或青春期遭遇父母离婚的女性，都向我承认她们长期被矛盾的感情煎熬着。她们责怪父亲立场不坚定、找不到合适的话来挽救婚姻，或是对妻子不忠以及只为自己考虑，同时她们常常责备甚至严厉批评母亲，在她们看来她不懂得给“她们的男人”带来他渴望的体贴、关心和爱。

多萝泰向我讲述自己12岁时遭遇父母离婚时她的反应是感到愤怒、失望、厌恶、冷漠，内心五味杂陈。她还告诉我一个最近做过的梦：父亲和母亲生活在一个海边的大房子里，他们一起泡在泳池里，看上去似乎很幸福。父亲游泳的姿势滑稽可笑，她感觉很丢脸。突然，多萝泰在梦里发现与母亲在一起的男人是她自己的未婚夫，他比她大几岁——他们一起坐在戛纳海湾一条漂亮的船里——小时候她曾经与父母去过戛纳度假，这时恰好也在与未婚夫筹划几天后去那里度假的事情。多萝泰的梦境很清晰地透露了她的两个愿望：父亲和母亲破镜重圆，以及做到母亲无法与父亲坚持下去的事情，还要比母亲更幸福。很多经历过父母离婚的少女和成年女性都为父母的分手感到惋惜，希望这件事从未发生过，对离去的父亲感到气愤，也生气母亲做得不够好。

我在这里强调，女儿不仅需要父亲的爱和温柔，还希望父亲给予她在家庭中的应得地位——遇到婚变时希望他能明白告诉她，他选择分手或离婚的原因。她并不奢望与父亲无话不说或心有灵犀——说句公道话，她只是要求父亲不要把她排除在他的决定和生活之外。更重要的是，这个男人也就是她的父亲或许渴望与另一个女人开始一段新感情，这同样合情合理，而他迟早也会站到另一个男人也就是妻子新伴侣的对立面。父亲耐心而认真地向女儿解释他与她母亲分手的原因，总是能够帮助女儿在新的家庭结构中安定下来，找到属于自己的位置。

让我们来看米雷耶的例子，她说继父对她不堪忍受，他很不公平，偏爱自己的亲生女儿。她觉得他只爱母亲的钱，母亲离开父亲与继父生活在一起，还不经商议就把选择强加给她。同时，她承认害怕成为父亲那样敏感、焦虑和毫无斗志的人。直到如今，她仍然一方面崇拜“不无缺点”的母亲，另一方面因看到父亲的孤独和不幸而难过。这些感情是否损害了她与继父的关系？更加坚强和镇静的父亲能否更好帮助这个少女与继父相处？至少我们可以朝这个方向考虑。

除个别例外，女孩并不期待继父表现得像亲生父亲。我必须承认例外情况的存在，因为我曾经见过在某些情况下，女儿因为继父把她视如己出而感到幸福，那可能是因为生父很早就从她们的生活中消失了，继父对她们又十分温和亲切，完全承担起了对继女的教育责任；也可能是因为生父存在明显缺陷，对女儿不闻不问。然而回到普遍情况，在经历过最初的紧张时期后，女儿会期待继父表现得像个继父，就是说他既要尊重生父的地位也要把握自己的位置，他既不是一个接替者，也不能弃之不顾。如果做不到这样，最初时常出现的困难将愈演愈烈，留下持久的烙印。在继父与继女之间，必须建立一种信任关系，在这种关系中不是要排斥亲生父亲，而是尊重他，绝不存在任何形式的对立。不是说一定要表现得亲切迷人——女孩能立即识破虚情假意，比男孩更加擅长此道——而是要表现出自己的本色，把握所有自己应得的位置，不染指他人的地位。母亲也要让孩子包括女儿接受，她会继续与生父在重要问题上共享教育职责，包括身心健康、学业方向、假期、体育和文化活动等，同时与新伴侣分享日常生活中的职责。

○ 与父亲相依为命

父亲独自抚养孩子，很可能是因为母亲去世。在这种情况下，如果女儿年龄最大，代替母亲的职责往往就会落到她头上，或者在她面对弟弟妹妹时需要主动承担这一责任。她可能为此感到骄傲，又也许会不堪重负。父亲不能过多指望大女儿，哪怕这样做并不是出于本意，他要减轻女儿的负担，求助于自己的父母、岳父母或其他亲戚。同样甚至更重要的是，父亲如果与独生女相依为命，他要特别注意不能对女儿有过多期望。我所说的“过多期望”既指具体的物质层面，也指感情层面。因为父亲可能对独生女产生某种形式的依赖性，导致她不仅要扮演成年人的角色，也要进入某种两人生活，今后她将很难从中走出来。尤其是在女儿的青春期，父亲可能有意或无意地表现出某种担忧，害怕女儿离开他并对她的约会、交友和业余活动表现得异常严厉，阻碍女儿获得足够的自主性。

父亲要像面对同样处境的母亲那样，在他们必须承担的象征性权威职责以及尊重女儿日益增长的独立性之间找到最佳平衡点，因为后者是女儿构建自我人格的必由之路。每个孩子在成长过程中都需要温柔和指引，也需要限制和自由。与父亲相依为命的青春期少女都时不时就会产生一种窒息之感，与她的同龄少女一样又或是更加严重些。于是她试图拉开距离，她的做法有时像男孩一样粗暴，有时则更加隐忍，表现出相当胆怯或沮丧的情绪，并以忧郁甚至不正常饮食行为的形式表现出来。然而，父亲独自抚养长大的女孩会更早表现出自主性或更加拥有斗志，这样的例子也不在少数。她们甚至更加努力，与父母双全的同龄女孩们相比取得更好的成就，因为她们会努力取悦父亲或弥补因为母亲缺失而产生的失落。

○ 父亲与祖父

劳拉是一个深受祖父影响的年轻女人。在她记忆中，祖父是个充满热情的人，他总是风度翩翩，好友众多。她愉快地记得父母说过她是祖父最爱的孩子。她毫不怀疑，因为她的记忆中满是幸福、微笑和一起散步的画面。她决定做医生，毫无疑问是因为她看到祖父对自己的工作充满热情，得到周围人们的尊敬，而且生活幸福。她的遗憾是不能与祖父相伴更久，来不及告诉他，她正在走上他的道路。她承认，在焦虑、疲惫和沮丧的时刻，想到祖父让她重新鼓足勇气。

那么父亲对她的生活有什么重要性呢？少，而且少得多。她说，父女之间关系不佳。她还说："原因可能是这样，如果祖父没有在我的生活中占据这样的位置，我肯定不会与父亲产生那么多问题……"她小时候就发现父亲崇拜他的父亲，也就是她的祖父，他总是要与他父亲相比，让人感觉他永远也无法比肩他的父亲。然而直到最近她才完全理解父亲和祖父之间的关系。她现在能够肯定，她与祖父之间的亲密关系让父亲很不愉快，这是他偏爱儿子的一部分原因。

如今，祖父母们年富力强的时间越来越长。这种情况毫无疑问让他们从过去那种疏远沉默的角色中走出，日益拥有真实的存在感。一个做了祖父的朋友最近告诉我，7岁的孙女曾经问他愿不愿意代替她父亲，因为她和父亲吵架了。她对自己的要求振振有词——如今的孩子都这样能言善辩——她告诉祖父他不需要比很少见到的父亲花更多时间来陪她，而且她在学校里会学习更认真，因为祖父至少对她很有耐心。我们可以发现，如果说在过去父亲和祖父之间的对抗更多具有想象性质，那么如今这种对抗因为寿命的延长而在小女孩眼中越来越显得真实存在。

今天的父亲，明天的女儿

某个星期天，我看到值得在此讲述的一幕。晨间散步时，我忽然看到并认出法国某国际化大公司的老总。据我所知他是再婚。他正在跟两个女儿散步，一个女儿自豪地骑着脚踏车，另一个女儿坐在童车里，父亲一脸慈爱地推着童车。这个掌管几千员工的父亲看起来骄傲而快乐。时间倒流30年，我能看到同样的场景吗？[1]显然不能，我心里想这个世界真是不一样了。一边是弗洛伊德和上一代父亲们，另一

1 这使我想起 Olivier Rey 的论文《儿童在童车中的转身》。他认为，今天常常看到年轻父母们让儿童在童车中转身朝前，似乎代表着当代社会要求人们从童年起就背离数代人的经验，不再把获得独立自主理解为一个渐进过程，而是给孩子一份“自我构建计划”，让他们“随心所欲地领悟世界”，参见 O. Rey, *Une folle solitude*, Paris, Seuil, 2006。

边是今天的新一代父亲、离婚的父亲、继父、独自抚养孩子的父亲和祖父们，有人难免要感叹白云苍狗，世事难言。我们却要试着捋捋其中脉络。

2002年，法国43%的父亲休过产假。法国虽然比不上瑞典，但是法国的父亲们比他们的上一代花了更多时间来照顾孩子，当然无论在什么时代，都存在“围着孩子转的爸爸”，他们心里藏着想做女人的奇怪念头。[1]无人能否认，家庭、父母在孩子情感生活中的地位、男人和女人的角色、女人的地位以及女儿出生后的地位等，都发生了深刻的变化。有人喜欢提到当代父亲的弱势地位，同时人们也能注意到“新式父亲”所发挥的积极作用。无论怎样，现代社会已经认识到，父亲的地位、传统家庭结构的改造和妇女解放是不可分割的。我们目前经历的演变，方向明显在于父母的职责和角色趋同。长期以来，《法国民法典》的基本原则被当作父权和男权的法律武器，1965年7月13日的修法最终质疑这一原则，并引入夫妻平等概念。1970年6月4日的修法则明确夫妻双方行使“父母权威”，共同承担家庭的领导责任，取消此前赋予父亲的“家长”名号。改革的另一环节是

1 A. Braconnier, *Mère et fils*, Paris, Odile Jacob, 2005.

1993年1月8日的条例，这次修法提出一个原则，无论子女的性别和年龄，只要他们“具有判断力”——这是一个非常复杂的概念——父母就应该在涉及子女的事务中咨询他们的意见。最终，近期的修法取消了父亲的姓氏权，对父亲、母亲和孩子的象征性职责也是一个挑战。

这些法律变化在实际生活中有一定的表现和影响。有一项研究针对父亲出现在托儿所陪伴6个月到2岁大幼儿的次数和质量，显示“新一代父亲”明显比上一代父亲跟孩子更加亲近，不分男孩女孩。报告称，30%的父亲在孩子注册入托的时候在场，60%的父亲陪伴孩子或接孩子，36%的父亲参加适应课程。这些“新式父亲”评价自己“爱孩子”（孩子6个月时这一比例为61.8%，2岁时为70%），是个“喜欢或非常喜欢照顾孩子的爸爸”（孩子6个月时这一比例为55.8%，2岁时为46.7%），“不专横”（孩子6个月时这一比例为50%，2岁时为40%），尤其是“负责任”（孩子6个月和2岁时这一比例均为80%）。[1]显然在上一代人身上不存在这些数字。这些数据甚至让保育员和托儿所工作人员认为某些父亲“来得太勤”！

1 M. Lamour, «Coconstruire la paternalité : une expérience de recherche-action-formation à la crèche», in André J. et Chabert C., *L'Oubli du père*, Paris, PUF, 2004.

从情理上来说，今天的人们普遍期待父亲既要拥有“父性”，承担长期存在的真实和象征性权威，又要更具有“母性”，更多地陪伴、关注和参与子女的教育。大多数现代父亲对这一期待做出了响亮的回应，例如一起为孩子挑选衣服，更加注意对女儿的措辞以及对女儿寄予的期望。这是值得高兴的！而同样可以庆幸的是，在为女性地位而斗争的过程中，男性摆脱了他们长期以来作为斗争对象的形象。如今，女性自我肯定的最好方式，不再是成为男性化的女人，而是自信和做好自己。今天的女孩们很幸运能够依靠母亲甚至祖母一辈在女性和女权斗争中取得的成果，同时保留她们引以为傲的女性特质。这是妇女们高尚斗争的胜利果实，值得完全肯定。

时代确实不同了。有些悲观人士在这一变化中看出曾经至高无上的父亲权威在衰落。包括笔者在内的其他人则更主张建立新的“亲子关系协约”，这会对家庭关系产生连锁影响。我认为这些法律、社会和文化方面的变化是朝着正确的方向前进。我坚信，未来的女孩将从父亲和母亲提供的典范中汲取必要的能量来构建适合自己的人生。然而在我看来，母亲和父亲角色在家庭中的协调搭配，并不会动摇人类历史的根基，即性别差异和代际差异。

女性患者对我的长期倾诉，让我相信任何人在取得主观自觉的道路上都不能缺少父亲的职责奉献，男孩如此，女孩可能更是如此。对于两性平等的合理追求不应导致抹杀差异，反而应该彰显差异。男女之间并不是天差地别，但他们确实存在不同：女孩在成长过程中始终需要一个父亲和一个母亲，或者更确切地借用英国精神分析学家威尼科特喜欢的术语“父爱”（fathering）和“母爱”（mothering）。1963年，恰在1968年的事件[1]之前没几年，法兰克福西格蒙德·弗洛伊德研究院的创办人亚历山大·米切利希（Alexander Mitscherlich）宣称，人类正在走向“无父的社会”[2]。看看今天的社会，可以知道这种说法并不确切，然而可以肯定，如果父亲缺失，这些缺失的父亲不仅会造就“缺失的儿子”，还会造就“痛苦的女儿”[3]。而日常实践使我相信，也认为每个读毕本书的读者都能理解，女儿会无限依赖父亲的爱和权威，而父亲的权威应被定义为促成女儿足够自信、自由和幸福的能力。

---

1 指 1968 年法国爆发的一系列争取社会平等和人民权利的学生和工人运动。——译者注

2 Mitscherlich A., *Vers la société sans père*, trad. fr., Paris, Gallimard, «Tel», 1981.

3 Corneau G., *Père manquant, fils manqué*, Paris, Éditions de l’ homme, 1992.

结束语

在女儿的人格塑造、深层性格发展、人格成熟以及择偶等方面，父亲占有至关重要的地位。父女关系构建女人的一生。这一关系随着时间而变迁，并非永恒不变，但是在女人的精神世界中永远占有一席之地，只是隐藏得深浅的问题。父亲能够引导女儿协调发展，女儿也能改变父亲，特别是减少他对女性世界的恐惧和敌视——或许只有女儿能做到这一点。温柔幸福的父女之爱的确存在，我曾亲眼见识过。但不幸的是，无论过去还是今天，都有那种给女儿带来痛苦的父亲，他们造成女儿深刻、持久的不幸。在遭遇父女之间发生严重冲突甚至关系破裂的情况下，我看到在大多数时候，女儿迟早产生与父亲和解的渴望，而父亲很应该接受女儿的和解。父亲和女儿互相理解，有时需要整整一生时间。

在当今社会，想做个“好父亲”，必须明白女孩们渴望独立自主，希望对日常事务有所帮助、创建和影响，也想要过有意义的生活。因为职业关系，我聆听了很多女性的诉说。希望拙作能够传递每个女儿、每个女人和每个父亲向我讲述的有关这种人际关系的一切。父女之间的关系纠缠着复杂的感情，在生命的各个时期不尽相同，而且往往印证了明显的羞怯心理，这是母女关系中所不存在的。这些情感色彩斑斓，包括爱、快乐、痛苦、恐惧、气愤以及失望。从五六岁的孩子，到十几岁的少女，再到二三十岁的年轻女子，直到五六十岁的女人，所有向我诉说的女孩和女人，无论她们把我当作朋友还是专业人士，都使我产生一种坚定的认识：她们最渴望的是父亲能成为她们的骄傲。总而言之，为了效仿父亲和获取自信，她们期待来自父亲的爱和尊重——父亲既要爱和尊重女儿，也要值得爱和尊重。

最终，父亲与女儿之间的双向关系，少不了母亲的存在。在父亲和女儿之间，母亲扮演了重要的角色，她是斡旋者、调停人、支持者，有时也造成障碍。她自己也有父亲——每个母亲都曾经是女儿——因此母亲能够熟悉父女关系的关键，也被其所渗透。反过来说，父亲也能够在母女关系中发挥重要作用。人们普遍而惯常地把父亲当作母亲和女儿之间的隔离者。我认为这轻视了父亲的作用，他也应该成为斡旋者甚至调停人，不应逃避自己的职责。母女之间的对立时常被认为与父亲脱不开关系。这种看待问题的方法过于简单化。父亲轻视母亲也会让女儿感到痛苦，因为他贬低母亲就是在贬低整个女性世界。既然母亲允许子女亲近父亲，父亲也应该投桃报李尊重母亲，更不用说要为女儿考虑。

从某种程度上说，女儿与父亲的关系中总是充满隐私和秘密，然而为了寻求相互而对等的理解，现代社会允许揭开其中某些秘密。但愿拙作带来小小的希望：明日的父亲和女儿，虽然依旧无法消除羞怯克制，但将拥有更加顺畅的对话。

致谢

首先，我要感谢所有向我倾诉衷肠的男性和女性，他们丰富了我的思考，让我竭尽全力帮助他们。

本书中描写的事例是对很多真实经历的重建和概括，因此以匿名的方式讲述。

我也要感谢卡罗琳·罗兰（Caroline Rolland）和玛丽-洛兰·科拉（Marie-Lorraine Colas）真诚而高效的帮助，以及加布丽埃勒·热尔贝（Gabrielle Gelber）过去、现在和将来给予我的友好帮助。

最后，我要特别感谢奥迪勒·雅各布（Odile Jacob）提供的切中肯綮而友好善意的建议，得益于他的帮助，本书才得以以此貌面世。